敏感期对了，

一辈子就对了

贾杜晶 ◎ 著

哈尔滨出版社

HARBIN PUBLISHING HOUSE

图书在版编目（CIP）数据

敏感期对了，一辈子就对了 / 贾杜晶著. — 哈尔滨:
哈尔滨出版社, 2021.11
ISBN 978-7-5484-6111-1

Ⅰ.①敏… Ⅱ.①贾… Ⅲ.①儿童教育－家庭教育
Ⅳ.①G782

中国版本图书馆CIP数据核字（2021）第113917号

书　　名：**敏感期对了，一辈子就对了**
MINGANQI DUI LE, YIBEIZI JIU DUI LE

作　　者：贾杜晶　著
责任编辑：尉晓敏　孙　迪
责任审校：李　战
封面设计：沈加坤

出版发行：哈尔滨出版社（Harbin Publishing House）
社　　址：哈尔滨市香坊区泰山路82-9号　　邮编：150090
经　　销：全国新华书店
印　　刷：天津文林印务有限公司
网　　址：www.hrbcbs.com
E-mial：hrbcbs@yeah.net
编辑版权热线：（0451）87900271　87900272
销售热线：（0451）87900202　87900203

开　　本：880mm×1230mm　　1/32　　印张：7.5　　字数：145千字
版　　次：2021年11月第1版
印　　次：2021年11月第1次印刷
书　　号：ISBN 978-7-5484-6111-1
定　　价：49.80元

凡购本社图书发现印装错误，请与本社印制部联系调换。　　服务热线：（0451）87900279

前　言

1920年，几位士兵在印度救了两个小狼女，一个大概七八岁，一个大概两岁。被救的两个女孩被送到孤儿院，她们的表现就像狼一样，嚎叫、爬行。工作人员教她们人类的语言和行为习惯，希望她们能够慢慢适应人类生活，但是很不幸，小狼女没过多久就死亡了。大狼女在12岁时才开始说话，研究人员发现，其智力只相当于出生不久的婴儿。

这是一个关于"错过敏感期所造成的可悲后果"的经典案例，狼女因为错过成长的敏感期，而导致其心智终身无法逆转。虽然这是一个极为罕见的例子，但足以说明敏感期对孩子成长的意义。在我们身边，还有很多家长因为不懂敏感期理论而误解了孩子，或正在用错误的方法教育孩子，这将会对孩子的身心健康造成不良影响，甚至还可能导致孩子出现人格障碍。

有位妈妈曾说，她两岁多的儿子有一段时间特别喜欢翻垃圾桶，从里面找出头发丝、纸片、零食碎末等，然后弄到地板上玩。她为此非常生气，但几次训斥后她发现根本没有效果，于是就用尺子打儿子的屁股，以告诫儿子不能再这样了。打了几次之后，孩子果然不再翻垃圾桶了。这位妈妈很得意地说："真是不打不听话啊！"

事实上，如果这位妈妈略懂一些儿童敏感期知识的话，就知道孩子喜欢玩头发丝、纸片等细小事物，正说明他进入了细微事物敏感期，这一时期正是训练孩子观察力、注意力、手眼协调能力的关键时期。可惜这位妈妈太无知，她的做法伤害了孩子而她却浑然不知。

那么，到底什么是儿童敏感期呢？"儿童敏感期"这一概念，是由意大利教育家蒙台梭利提出来的，她认为："儿童在成长的不同阶段对特殊的环境刺激存在敏感期。这些敏感期与生长现象密切相关，儿童以后的发展都将建立在敏感期打下的基础之上。"敏感期不仅是孩子学习的关键期，更是孩子心理、人格发展的关键期。

儿童敏感期主要出现在0～9岁之间，特别是0～6岁这一关键年龄段。敏感期的阶段很多，主要有感官发育敏感期、动作发展敏感期、语言敏感期、自我意识敏感期、规则秩序敏感期、社交敏感期、文化学习敏感期。当孩子处于某个敏感期时，其内心会有一种强烈的渴求和期望，会对相应的事物表现出浓厚的兴趣，会出现大量的、有意识的、自发性的活动。如果家长针对孩子特定的敏感期进行施教，将会获得事半功倍的效果，能迅速提高孩子各方面的能力。

相反，如果家长忽视了孩子的敏感期，在孩子需要发展某种能力时，不能进行适当的引导，或用错误的方式教育孩子，就很容易给孩子的成长、发育带来阻力，伤害孩子幼小的心灵。有儿童心理学家指出："在0～9岁这一时期对孩子造成的伤害，不管父母以后怎么努力修复，都将难以弥补。"现实生活中，很多孩子在进入青春期之前，还是父母眼中的乖孩子，为什么进入青春期以后他们的问题不断爆发呢？其实这在很大程度上是因为他们小时候没有顺利度过敏感期。

瑞士心理学家荣格说过："一个人毕其一生的努力就是在整合他自童年时代起就已形成的性格。"可见，童年的经历会影响孩子一生的命运。所以，每一位家长都应该了解孩子各种敏感期的行为表现，掌握科学的教育方法，重视孩子的敏感期教育。

值得注意的是，家长在对孩子进行敏感期教育时，务必遵循以下原则：

原则1：尊重孩子这个生命个体

孩子天生就具有学习能力，他们会遵循着自然的成长法则，不断使自己成长为"更有能力"的个体。因此，父母要顺应孩子生命成长的规律，要循序渐进，而不要急功近利。

原则2：对孩子的异常行为不要大惊小怪

孩子在不同的敏感期会有不同的行为表现，无论孩子的行为表现多么让你吃惊，都不要大惊小怪，试着用一颗童心去审视孩子，去发现孩子所获得的快乐。

原则3：给孩子创造丰富的学习环境

当家长发现孩子进入某个敏感期时，要尽量为孩子创造丰富的学习环境，以满足孩子成长的需要。

原则4：鼓励孩子自由探索、勇敢尝试

当孩子热衷于探索某个事物时，家长要大胆放手，适时协助而不是干预，给孩子自由空间。当孩子获得尊重与信赖后，就会自由探索、勇敢尝试。

目 录

第3章
语言敏感期：多陪孩子说说话

第4章
自我意识敏感期：让孩子分清"你"和"我"

第5章
规则秩序敏感期：尊重孩子的内在秩序感

第6章
社交敏感期：让孩子多和小朋友玩耍

第7章
文化学习敏感期：为孩子提供更多学习机会

第 1 章

感官发育敏感期：
多给孩子有效刺激

//

　　孩子从出生的那一刻开始，就会本能地借助耳、眼、舌、鼻等器官来感知周围的一切，即通过听觉、视觉、味觉、嗅觉等感官来熟悉环境、了解事物、探索未知。由此，孩子也就进入感官发育敏感期，也叫感知觉敏感期。在感官发育敏感期，家长应该给孩子尽可能多的刺激，以培养孩子感官的敏锐性，促进孩子各个感官健康发展。

听觉敏感期（0~4个月）：
多让孩子听一些音乐

典型案例

菲菲3个月大的时候，经常睡醒后哭闹不止。起初，妈妈以为她是因为饿了才哭闹，便不停地给她喂奶，但是她吃完奶后又哭闹起来。没办法，家人只好抱着她在房间里不停地走动，这个方法很有效，每当这时，菲菲就会安静下来。

但问题是，只要大人把菲菲放下，或者抱着她不走动，她就会哭闹起来。家人商量后认为，不能总是一直抱着菲菲走动，得想个既轻松又能吸引她注意力的办法才行。

趁一次外出的机会，爸爸给菲菲买了一个漂亮的玩具电子熊，只要拍动玩具熊的屁股，它就会一边晃动，一边播放各种音乐。于是，每当菲菲哭闹时，家人就拿出玩具熊哄她玩，还拍动玩具熊的屁股，让她听音乐，这时菲菲就会停止哭闹，还会睁大眼睛，专注地盯着玩具熊看，似乎好奇于它为什么会发出美妙的音乐声。自从有了这个玩具，菲菲哭闹的次数明显减少了。

在这个案例中，婴儿家长的做法值得借鉴。对于3个月大的婴儿来说，通常正处于听觉敏感期，动听的音乐能够有效地吸引他们的注意力。因此，家长可以利用各种能发声的玩具，如摇铃、拨浪鼓、音乐盒以及各种能够捏响的玩具、能够敲击发声的物体等，来刺激孩子的听觉，训练孩子的专注力。

概念和表现

所谓听觉敏感期，是指孩子从出生到4个月，对声音敏感的特殊时期。处于听觉敏感期的孩子会主动寻找声音来源，而且喜欢高频的声音。当然，4个月前，宝宝的听觉感受能力是有个体差异的，家长们不必为此担忧。另外，需要注意的是，有些孩子听觉敏感期持续的时间短，有些孩子听觉敏感期持续的时间长，甚至可以持续到2岁。

听觉训练不一定从孩子出生后才开始，事实上，孕期宝宝在妈妈肚子里就能感受到妈妈说话的语音、语调、频率以及妈妈说话的方式。这就是宝宝们天生都很喜欢听妈妈声音的原因。所以，孕期妈妈可以经常跟宝宝说说话、读读书、唱唱歌，这样有助于宝宝的听觉发育。

有些家长觉得刚出生的宝宝听不到声音，其实并不是听不到，只是他们的敏感度不会特别高，而且他们对声音的反应有限。作为家长，你几乎无法通过宝宝的表现来判断他是否能听到声音，但你可以尝试通过观察宝宝眼神的方式来判断。你会发现，当你在宝宝耳边敲打乐器、摇动沙锤时，宝宝会突然睁大眼睛，或者眼睛盯着一个地方。由此，你就可以判断宝宝听到了声音。

科学家们曾做过这样一个实验：

在刚出生的婴儿右侧晃动铃铛，当铃声响起时，家长让他吮吸糖水；在婴儿左侧拨动音叉，当音叉的嗡嗡声响起时，家长不允许他吮吸糖水。这样坚持一段时间后，当铃声响起时，他会自然地把头转向右侧。但是当嗡嗡声响起时，他却没有任何反应。

通过这个实验，科学家得出一个结论：孩子一出生就具备一定的听力。如果家长有意识地对孩子进行听觉刺激，那么孩子的听觉能力就会迅速提高。近年来，有些早教研究者认为，胎儿在母体中就已经有了听觉，我们常说的胎教，其实正是通过对胎儿进行听觉刺激来实现的。

孩子有了听觉，他就要不停地听，只要在他听觉范围内的声音，都会被他收入耳内，这些声音信号传入他的大脑，在大脑皮层的听觉中枢留下印象。听觉有利于孩子辨认周围环境中的多种声音，由此帮助孩子掌握丰富的语言，促进孩子语言能力的发展。因此，听觉的发展对孩子具有重要意义。

深度解析

听觉是孩子认识世界、探索世界，从外界获取信息最重要的手段之一。它与视觉、触觉、味觉、感知觉等系统相互配合，帮孩子从外界获取信息。有些孩子听觉敏感度高，有些孩子听觉敏感度低，这种差异会随着孩子生活环境和教育的影响不断发展。对于听觉敏感度低的孩子，家长可以有意识地为他提供训练，但对于听觉敏感度高的孩子，家长更应该特别注意。

因为听觉敏感度高的孩子很容易受到声音的惊吓，比如吃奶时，旁人发出声音，他就会暂停吃奶。玩玩具时，听到声音，他也会停下来，到处寻找声源。因此，听觉敏感度高的孩子很容易被打扰，这不利于他的注意力培养。小时候经常被打扰的孩子，长大后注意力可能会不集中。而理想的状态是，孩子听觉敏感度高，但做事时能够专心致志，不容易受干扰。那么，怎样帮孩子做到这一点呢？

方法指导

1.给宝宝制造声音刺激

丰富的居家声音是刺激宝宝听力的天然资源。日常生活产生的各种声音，如走路声、关门声、切菜声、说话声等，都能带给宝宝十分有益的听力刺激。家长多让宝宝听到这些声音，远比让他从小生活在一个气氛沉闷、家人之间缺乏沟通的环境中好得多。

除了被动地让宝宝听到生活环境中的声音，家长还可以主动地用木棒敲打不同的地方或者改变敲击的力度，使其发出不同的声音。当然，家长也可以在宝宝耳边发出细小的声音，比如，用手指在布料上摩擦发声。细小的声音更能刺激宝宝的听觉系统，使其长大后可以听到更细微的声音变化。

家长还可以提供多种音色帮宝宝进一步提升听觉敏感度。比如，让宝宝听钢琴、木琴、八音琴、小提琴、大提琴、笙、笛、号、二胡、吉他、古筝、琵琶、鼓、响板等乐器发出的声音，让宝宝感受不同的音色。长期这样练习，可以让宝宝的听觉音域更宽。

此外，家长可以在阳台上挂一只风铃，抱着宝宝去触碰风铃，或在有风时打开窗户，让宝宝听听自然风吹动风铃的悦耳声，从而刺激他探究声音的来源。还可以在宝宝面前放半盆清水，用一支玻璃管向水里吹气，制造咕噜咕噜的水声让宝宝听。

2. 家人要多和宝宝讲话

什么声音是宝宝最爱听的？答案是：妈妈的声音。因为在怀孕过程中，宝宝是听着妈妈的心跳声长大的，妈妈的声音宝宝最熟悉，最让宝宝感到亲切，最让宝宝感到安心。因此，妈妈多和宝宝讲话能让宝宝感到安全、满足和高兴。比如，在给宝宝喂奶、换尿不湿、洗澡时，妈妈可以用轻柔的声音和宝宝讲话，这样有助于宝宝与妈妈产生相互依恋的感情。

除了妈妈，爸爸、爷爷、奶奶等家人也要多和宝宝讲话，讲话的时候声音要清晰，语调要舒缓、抑扬顿挫，这样才能引起宝宝的兴趣和注意力，宝宝也会听得更开心。除了和宝宝讲话，家人还应该多逗宝宝，让宝宝心情愉快，这不仅能够促进宝宝听觉敏感度的提高和心理的正常发育，还能促进宝宝语言能力的发展。

3.用发声玩具给宝宝刺激

有位妈妈是这样锻炼宝宝听力的：

当宝宝2个月大时，她经常在宝宝耳旁摇晃漂亮的小铃铛，这时宝宝就会扭头去寻找发声的物品。妈妈见状，就会对宝宝说："宝贝，你看到什么了，妈妈告诉你，这是一个能发声的小铃铛。"等宝宝把头转向前方后，妈妈又把铃铛换到宝宝另一只耳朵旁摇晃。如此反复几分钟后，再让宝宝休息一会儿。

在宝宝的听觉敏感期，悦耳的声音很容易吸引宝宝的注意力。当他们哭闹时，悦耳的铃声和音乐可以让他们停止哭泣，吸引他们将注意力放在探寻声源上。案例中，妈妈的做法非常值得借鉴，这种方法还可以在不知不觉中锻炼宝宝颈部的肌肉。

家长还可以给宝宝买带有开关或上紧发条就能发出各种柔美音乐的玩具，或者捏一捏、摇一摇就能发声的玩具，比如手铃、八音盒等。通过摆弄这些可以发声的玩具让宝宝听，可以提升宝宝对声音的敏感度。需要注意的是，对于新生儿来说，一定要注意所选玩具发声强度不要太大，如拨浪鼓这类玩具就不是很适合，因为它发出的声音强度太大，可能会使宝宝惊恐。

另外，家长也可以亲自制作发声玩具，如在瓶子里装上米粒、绿豆、黄豆、面粉等，然后在宝宝耳边摇晃制造声音，让宝宝体验不同材质、不同硬度、不同大小的物体发出的声音。家长还可以在宝宝耳边轻轻拍手，吸引宝宝注意，引导宝宝扭头探寻声源。这种方式既简单，又稳妥，家长们不妨试一试。

4.给宝宝播放优美的音乐

音乐是一门听觉艺术，不但能够提升宝宝的听力，还能促进宝宝的大脑发育。研究发现，孩子经过8～9个月的音乐训练后，空间思维能力会明显提高。这种能力有助于宝宝认识模型、拼拼图及玩迷宫游戏。音乐还有助于提高宝宝的右脑创造力和直觉思维，改善注意力和记忆力，提高宝宝的数学能力和解决问题的能力。

所以，无论宝宝睡着还是醒着，都可以播放有节奏的轻柔音乐，让宝宝对不同的音乐、语调、节奏有所认识，提升宝宝在节奏、音色、音高等方面的辨别能力，使宝宝在听觉方面有很好的训练。为促进宝宝对音乐的感知能力，妈妈可以经常给宝宝哼唱民歌、儿歌或优美轻快、节奏感强的歌曲。宝宝入睡前，可以给他播放催眠曲或舒缓的音乐，还可以给他播放中外古典乐曲或轻音乐。

需要注意的是，给宝宝播放音乐要做到音量适中，每次播放的时间以10分钟左右为宜。在让6～7个月的宝宝听音乐时，家长可按节奏摆动宝宝的手臂或轻轻摇晃宝宝的身体，让宝宝跟着节奏律动。这样训练下去，宝宝以后听到音乐时就会自动随着音乐的节拍扭动身体，从而保持愉快的心情。

5.带宝宝聆听外面的世界

大自然是神奇而宝贵的课堂，它赐予人类无限的学习和探索机会，它淳朴自然、充满生机，具有一切人工雕琢的东西无法比拟的价值。因此，家长要多带宝宝走进大自然，让宝宝聆听广阔世界里的声音，或听虫鸣鸟叫，或听潺潺流水，或听春风拂面的窃窃私语，这样可以锻炼宝宝对大自然声音的知觉，提高宝宝对不同声音的分辨能力。

春暖花开的时候，带宝宝到郊外闻闻花香；选择一个幽静的地方，让宝宝听听蜜蜂舞动翅膀的声音，听听山谷的回音，听听小溪流过山涧洗涮砂石的声音；夏天电闪雷鸣的时候，可以抱着宝宝站在窗边听雷声和雨声；秋天落叶凋零时，可以带宝宝走进树林聆听落叶飞舞、落地的声音；冬天下雪时，可以带宝宝走出室外，让他感受走在雪地上的声音。这些最自然的声音如同美妙的音乐，是宝宝听觉训练不可多得的天籁之音。

6.引导听觉敏感度高的宝宝

听觉敏感度高本是一件好事，但如果宝宝的听觉敏感度高到无法专注地做一件事时，那么家长就要高度重视了。对待这类宝宝，家长有必要做好有效的引导。

首先，当宝宝做一件事的时候，不要去打扰他，也不要以关心的名义给宝宝喂水、穿衣服等。比如，宝宝在摆弄一个玩具，哪怕他玩的方式不对，家长也无需去教他，除非宝宝向家长求助，这样才能很好地保护宝宝专注的状态。

其次，要给宝宝提供一个相对简洁的环境，减少宝宝受到其他事物的干扰。比如，不要把玩具堆在客厅，而是把玩具收起来。宝宝每次玩一个玩具时，你就要把其他玩具收起来，让宝宝专心探索。

再者，家长想喊宝宝时，最好先观察一下宝宝当时的状态。比如，家长带宝宝去动物园，大家都会很兴奋，"快看，老虎！快看，长颈鹿！"家长总希望让宝宝看到令人惊奇的动物。但其实，此时的宝宝不一定和大人想的一样，他可能被一片小树叶吸引住了，或者被一只小鸟吸引住了。那么，这个时候家长可以稍作等待，等宝宝从他所沉浸的状态中出来后，再喊宝宝。总之，家长在生活中要有意识地保护宝宝专注的状态，宝宝的注意力才会越来越好，这样才能培养出听觉敏感度高，且能够专注做事的孩子。

视觉敏感期（0~6个月）：
可以让孩子看黑白图

典型案例

有一个出生不到2个月的孩子，喜欢经常盯着一个地方看。有一次，妈妈发现他一边吃奶一边盯着旁边桌上的玻璃球。一开始，妈妈以为孩子看的是桌上一本五颜六色的图画书，可她仔细观察后发现，孩子的视线并不是集中在图书封面上，而是集中在旁边的玻璃球上——玻璃球在阳光的照耀下，发出金灿灿的亮光。孩子对这个发出亮光的玻璃球产生了浓厚的兴趣。

有些家长说："宝宝出生不久，会出现眼睛凝视光源不动的情况，例如眼睛盯着天花板上亮着的灯或桌子上的台灯，这正常吗？"其实这是正常现象，因为孩子一出生就进入了视觉敏感期。对于他们来说，这个世界是全新的，他们会恐惧，也会好奇，更会惊喜，他们会用眼睛观察一切。

概念和表现

视觉敏感期是孩子人生重要的敏感期，是孩子刚出生头几个月对光比较敏感的时期，从孩子出生会一直持续到他2岁半。事实上，妈妈在怀孕期间，宝宝眼睛的结构就已经构建完成，其视觉神经以及与视觉相关的中枢神经系统的联结通道就已经打通。只需一个必要的视觉刺激，使其视觉神经通路形成回路，孩子的视觉能力就会被激活。

孩子出生后，外界的光线就是刺激其视觉的最好媒介，这时孩子会对光源产生敏感性，将注意力转移过去。只不过由于孩子的视觉能力尚不发达，只能看向光源，而不能追随光源的移动。

随着孩子一天天长大，其视觉能力快速发展，他对光源的敏感性也会显著增强。当光线从孩子眼前掠过时，其会眯起眼睛；当光线突然加强时，孩子会下意识地闭上双眼；当黑暗的房间突然打开灯时，孩子也会做出反应。

具体来说，孩子的视觉敏感期可以分为这样几个阶段：

阶段1：0~3个月——光的敏感期

这一阶段宝宝的视觉细胞尚未发育成熟，他看到的是黑白影像。2个月左右时，宝宝会有"斜视"的情况，因为宝宝双眼的协调性比较差。3个月左右时，宝宝的仰卧位角度可以达到180°，因此他可以更大角度地进行观察。

阶段2：4~5个月——学会追视

这一阶段的宝宝不只是会凝视一个地方，还会四处扫视，或随着光线的移动而追视。

阶段3：6个月左右——学会目测

这一阶段的宝宝视力几乎达到了成人水平，视力范围大大增加，他可以看到更大范围内的物体。

阶段4：9~12个月——注视运动的物体

这一阶段的宝宝可以观察周围环境，并较长时间地注视3~3.5米内活动的物体。

视觉敏感期是孩子人生重要的敏感期，如果孩子顺利度过这个敏感期，日后其他感觉发育也会更加迅速。因为眼睛是心灵之窗，是人类最先发育的感觉系统，是其他感觉发育的基础。有了视觉、触觉、嗅觉、味觉等感觉才能发育得更好。所以，家长要抓住孩子视觉发育的敏感期，培养孩子的视觉能力，提升孩子的认知能力。

深度解析

伴随着呱呱坠地时的哭声，宝宝的视觉敏感期到来了。可是很多家长认为孩子的视觉能力是天生的，不用刻意去训练，到了一定时间他的视觉能力就会自然有所发展。可事实并非如此，我们先来看一个案例：

有一个名叫托蒂的意大利小男孩，他的一只眼睛失明，这让医生感到十分不解，因为从生理上来看，小托蒂的视力是正常的。经过一番深入了解，医生得知托蒂刚出生时，眼睛因轻度感染而被蒙上了纱布。两个星期之后，当取下纱布时，他的视力为零。

科学家由此得出结论：出生不久的宝宝的眼睛需要受到光线的刺激，才能使其大脑视觉中枢得到发育，这样才可以让视觉器官发挥正常功能，否则就可能会失去这个功能。

荷兰植物学家也做过类似的实验，他们发现，雌蝴蝶会把卵专门产在树枝与树干的交界处，幼虫出生后会循着光线往前走，这样就可以吃到稚嫩的叶子。等幼虫长大后，就能够自主地寻找食物了，植物学家把这种现象称为动物的敏感期。

还有科学家把成年的猫的眼皮缝起来，把刚出生就生病的小猫的眼睛也缝起来。一段时间后给它们拆线，结果发现，刚出生的小猫眼睛是失明的，而对成年的小猫视力没有任何影响。由此推及人类，科学家得出结论：在各个敏感期，如果孩子受到干扰阻碍，他们器官的功能是不能正常发挥的。

换言之，在0～6岁早期，孩子大脑的视觉中枢需要适当的条件刺激，才能发挥应有的作用。如果不去刺激或放任不管，那么器官的功能就会出现"不用则退"的现象，甚至永久性地失去该有的功能。所以，在孩子视觉敏感期，家长一定要积极对孩子进行视觉训练，帮孩子顺利度过视觉敏感期。

方法指导

那么，视觉敏感期内，家长应该怎样做呢？

1.循序渐进对宝宝进行视觉训练

在对宝宝进行视觉训练的时候，家长一定要做到循序渐进。最初可以在黑暗的环境中用弱光对孩子的视觉进行训练，而不要一开始就给宝宝强光刺激，因为强光会损伤宝宝的视网膜。因此，宝宝刚出生后，不宜在阳光直射的时候把窗帘全部拉开。而要通过弱光刺激，让宝宝感受光线差异和昼夜的区别。家长还可以不断变换宝宝睡觉时的环境和角度，让宝宝从不同的角度观察自己睡觉的环境以及环境中的光线。

2.给宝宝布置一个"黑白世界"

很多家长以为宝宝喜欢色彩鲜艳的东西，其实处在视觉敏感期内的宝宝，更喜欢那些明暗相间的东西和黑白交界的地方。这样的东西或地方更容易吸引和维持宝宝的注意力。因此，家长可以为宝宝布置一个"黑白世界"。比如，给宝宝准备黑白卡、黑白图案的扑克、国际象棋棋盘、黑白花纹的衣服等，让宝宝观察把玩，还可以把房间装饰成黑白相间的风格，从而刺激其视觉功能的发展。

3.用特别的物品给宝宝视觉刺激

研究结果表明，几个月大的宝宝对CD、大头娃娃、镜子等物品特别感兴趣，这些东西能有效地吸引宝宝的注意力。因此，家长可以用这些视觉物品组成孩子的视觉环境，以刺激宝宝的视觉发育。有位爸爸在这方面的做法值得大家借鉴：

有位爸爸喜欢收集CD，并将它们用绳子串在一起，做成装饰品挂在家里。一天，这位爸爸抱着3个多月大的女儿在屋子里走动，忽然发现女儿一直盯着墙壁，顺着女儿的目光，他发现女儿正在观察墙壁上的CD装饰品，而且还不时笑出声来。

从那以后，爸爸又做了几个大小不一的光盘挂件，挂在家里的不同地方，结果女儿更喜欢看这些光盘了。

为什么宝宝对CD感兴趣呢？这是因为CD具有一定的反射功能，可以反射出光线，还能照出物品的影子。再加上光盘上有细密的轨道纹路，从不同角度看，明暗程度不一样，看到的颜色也不同。这能极大地满足孩子视觉敏感期对光线的好奇心。

除了CD，镜子、大头娃娃、各种形状的视觉道具也能引起孩子的兴趣，孩子在关注这些物品的同时，视觉可以得到有效的刺激。与光盘相比，镜子的反射效果更好，对外界的反射更直接，能清晰地将孩子映照出来。所以，镜子不仅可以用来开发孩子的视觉能力，还能帮孩子学着认识自我、认识世界。

比如，家长可以和孩子一起对着镜子不断变换表情，同时引导孩子注意看镜子里自己的表情，还可以握着孩子的小手，让孩子触摸镜子，告诉他："镜子里的小宝宝就是你。"需要注意的是，镜子是易碎品，因此家长要注意保护孩子的安全，要避免镜子边缘裸露在外，且要把镜子固定在一个地方。

触觉敏感期（0~6个月）：
多抚摸孩子有利于建立安全感

典型案例

有一个4个月大的宝宝，睡觉时经常抓着妈妈的耳垂，换一个人都不行。而且在日常生活中，他喜欢把身旁能够得到的东西往嘴巴里塞，比如纸巾、毛巾、尿不湿等。每次遇到这种情况，爸爸妈妈都会阻止他，但没有什么效果，问题反而越来越严重。

触觉是人类生存所需要的最基本、最重要的感觉之一，是孩子成长过程中探索未知世界的重要途径，也是孩子保护自己身体免受伤害的重要防线。但事实上，孩子的触觉恰恰也是所有感觉中最容易被家长忽视的。案例中的妈妈对宝宝抓她耳垂、往嘴里塞东西的行为感到大惑不解。其实，如果联想到宝宝的触觉敏感期，一切就很好理解了。

概念和表现

在了解触觉敏感期之前，我们先来了解什么是触觉，对宝宝而言，触觉是指宝宝通过全身皮肤接受外界的温度、湿度、压力、痛痒以及物体质感等刺激之后所产生的一种感觉。实际上，胎儿在妈妈肚子里的时候就有了触觉，当他们被子宫和羊水包围时，他们就有触觉了，这就是宝宝出生后喜欢被抱着的原因，因为被抱着有一种被包裹的感觉。

宝宝通过触觉或其他感知觉的协同活动来认识世界，这便有了触觉寻求。触觉寻求的表现多种多样，如挑食、吃手指、咬指甲、咬毛巾、摸胳膊、摸头发、抓东西塞进嘴巴，等等。上面案例中的宝宝，睡觉时抓妈妈的耳垂，喜欢把东西往嘴里塞，正是触觉寻求的表现。宝宝通过触觉可以获取信息，还能促进大脑发育，在整个成长期发挥着重要作用。

胎儿的触觉比听觉发育更早，皮肤神经在10周时出现，在怀孕4个月时，负责触觉的感觉皮层就可以处理触觉信息。当妈妈用手在腹部抚摸到胎儿的脸时，胎儿就会皱眉、眯眼。宝宝出生后，其皮肤感觉是比较发达的，他们会用哭声告诉大人他们肚子饿了，或尿不湿该换了。他们对不同的温度、湿度、物体的质地和疼痛都有触觉感受能力，他们喜欢接触柔软的物体。

0~6个月是宝宝触觉最敏感的时期，也称触觉敏感期，但宝宝对触觉的灵敏感知可以持续到6岁。触觉最为敏感的部位是嘴唇、手掌、脚掌、前额、眼帘等处，轻轻触碰他们的嘴角和面颊，他们就会立刻张嘴并吮吸。

0~2个月时，当你用某个东西触碰宝宝的小手心时，宝宝会紧紧抓住不放，甚至使身体悬挂起来，这在生理学上叫达尔文反射。

3个月时，宝宝对33℃和31.5℃的水有明显的感受和分辨力。

7个月时，宝宝有定位能力，当刺激宝宝的皮肤时，他的手可以准确地抚摸被刺激的地方。

9个月之前，当轻触宝宝的小脚心时，宝宝的脚趾就会立刻呈扇形展开。这在生理学上叫巴宾斯基反射，反射在宝宝9个月后消失。

2~3岁时，孩子可以通过接触区分物体软、硬、冷、热。

5岁时，孩子能够分辨体积相同、重量不同的物件。

深度解析

处在触觉敏感期内的宝宝对触觉的敏感度非常高，甚至高得让人感到意外。比如，有些宝宝碰不得，一碰就哭哭啼啼，仿佛遭受了很大的伤痛。

姣姣是个俊秀可爱的小姑娘，亲戚朋友、叔叔阿姨见到了，都忍不住捏捏她的小脸蛋，或亲亲她、抱抱她。但是除了自己亲近的家人，姣姣对别人的亲近行为非常排斥，谁也别想碰她一下。只要碰她一下，她就哭哭啼啼，让家人感到非常苦恼。除此之外，妈妈给姣姣洗澡、洗头的时候，稍不注意就会弄哭姣姣。唉，姣姣就像一个谁也碰不得的"瓷娃娃"，让爸爸妈妈非常发愁。

与姣姣截然不同的是，有些宝宝触觉敏感度非常低，好像天生不怕疼一样。

小勇脾气暴躁，特别好动，整天一副天不怕地不怕的样子。他最喜欢看《西游记》这部动画片，最喜欢的人物是孙悟空，他经常模仿孙悟空爬上爬下、上蹿下跳，但由于动作不协调、不灵活，因此经常摔跤受伤，但很少听到他哭泣、喊疼。

妈妈总是在人前夸小勇是个坚强的孩子，她为小勇感到骄傲。可是有一天，小勇摔倒时划破了腿，流了很多血，清洗伤口时小勇表情很淡定，没有丝毫的痛苦，妈妈这才觉得小勇似乎有些不正常……

小勇和姣姣的表现是感统失调中触觉功能失调造成的，小勇表现为触觉迟钝。这类宝宝对触觉刺激反应迟钝，通过触觉来辨识环境的能力也较差，容易磕碰、摔倒，精细动作也不协调，学习新动作比较迟缓，总让人觉得笨手笨脚的。

而姣姣的情况属于触觉敏感，这类宝宝对外界的刺激反应过激，如同惊弓之鸟。他们因无法适当处理外界的刺激，容易形成用"排斥"应对外界刺激的习惯。触觉敏感的宝宝，常见的表现是不喜欢踩草坪，不喜欢毛茸茸的玩具，不喜欢带毛毛、刺刺的物品，也不喜欢宠物，不喜欢玩泥巴，甚至不喜欢家长的抚摸。此外，他们还很容易受到各种惊吓，对很多东西都表现得很排斥。

无论是触觉迟钝的宝宝，还是触觉敏感的宝宝，在今后成长中都会出现诸多问题，如注意力不集中，情绪不稳定，容易与他人发生冲突，等等。因此，家长一定要重视宝宝的触觉敏感期，帮宝宝发展自己的触觉，提升宝宝的感知能力。

那么，怎样抓住宝宝的触觉敏感期，对宝宝进行触觉敏感度训练呢？

方法指导

1.经常爱抚宝宝

不知大家是否听过"皮肤饥渴症"这个名词，该名词的诞生源于20世纪40年代初纽约市一名儿科医生挽救濒死早产儿的案例，这名医生要求医护人员每天都要搂抱襁褓中的宝宝，这一举动使得婴儿的死亡率大大降低，甚至接近于零。

对此，美国迈阿密接触研究机构负责人菲尔德指出："人体的肌肤和胃一样需要进食以消除饥饿感，而进食的方式便是爱抚和触摸。"如果宝宝成长过程中缺少爱抚，那么他可能会患上皮肤饥渴症。患有此症的人会很没有安全感，而且难以享受亲密的依恋关系。

经常爱抚宝宝，不仅可以避免宝宝患上皮肤饥渴症，还可以促进宝宝的触觉发展，提升宝宝的运动能力。爱抚和运动有关系吗？乍一听，好像两者没有关系，但实际上，当我们不断地爱抚宝宝的身体和四肢时，可以很好地刺激宝宝的本体觉，让宝宝的大脑不断地和自己的身体、四肢产生连接，进而深刻地感受自己身体的各个部位，为今后控制这些部位打好基础。因此，在宝宝触觉敏感期内越注重给宝宝爱抚，宝宝的本体觉发育越完善，宝宝就能越早、越准确地掌握自己的身体和四肢，还可以激发宝宝的肌肉力量。

爱抚宝宝有两种常用的方式：一种叫抚触，目的是让孩子的皮肤有压觉。另一种叫触觉敏感度训练，目的是让宝宝的皮肤产生温觉。3个月前的宝宝，每天要尽量保证30分钟以上的抚触时间。3～6个月的宝宝，每天要保证20分钟左右的抚触时间。

之所以需要这么久，是因为宝宝的身体上还有大量的原始反射需要被抑制，而且宝宝刚来到这个世界，安全感尚未建立起来。多给宝宝抚触，既能抑制宝宝身体上的原始反射，又可以与宝宝建立亲子连接。

常规抚触的方法很简单，就是从宝宝的头部抚触到肩部，再从肩部抚触到手指，从胸口向下抚触到脚趾。可以让宝宝平躺或俯趴，用捏、揉、搓、弹钢琴、手掌摸、手指摸、手指轻捏等方式，对宝宝的四肢进行抚触。

6个月以上的宝宝在接受抚触时可能会动来动去，但家长千万别放弃。因为抚触是孩子一直需要的，哪怕是成人，也需要亲密接触和抚摸。对于爱动的宝宝，我们可以用游戏的方式对其进行抚触。比如，家长可以用手指假扮成一条毛毛虫，在宝宝的腿上爬行，让宝宝感知。还可以用手指在宝宝头上轻轻敲击，并告诉宝宝："下雨了，雨点打在宝宝头上了。"这样宝宝更容易接受。

2. 用物品刺激宝宝

经常用不同材质的物品与宝宝的肌肤接触，比如木头、棉花、纸片、棉布、丝绸、鹅卵石等，让宝宝用小手摸一摸，以发展宝宝的触觉。或用不同柔软度的刷子、不同材质的布料，在宝宝的四肢、面部、背部轻轻地摩擦，以强化宝宝的触觉感知力。或用大毛巾、毛毯、棉被等物品，将宝宝包裹起来，通过滚动或轻压宝宝四肢的方式，增强宝宝的触觉刺激。或在家里铺上不同材质、不同粗糙度的地毯、垫子、地板，给宝宝提供一个爬行的环境，让宝宝在爬行过程中训练触觉。

家长也可以给宝宝购买一些不同质地的玩具，让宝宝以各种形式与玩具进行接触，如抓握、啃咬、拍打、扔抛。或者用小空瓶、各种棒状的小物件，包上不同材质的布，例如丝袜、毛巾、防滑袜、防油抹布等，让宝宝抓握。或用触觉棒在孩子的手心、脚底、手臂及腿上轻轻滑动，观察宝宝的反应，同时用语言把触觉感描述给宝宝听，例如"滑滑的""软软的""刺刺的"。

家长还可以用冷水、温水、稍热的水给宝宝洗手，让宝宝体会不同的温度。把宝宝的手交替放在温水和冷水里，让他感知温度的变化，并不断在水中张开、合拢；或用若干个塑料瓶，里面灌满不同温度的水，让宝宝隔着瓶子触摸，分辨哪瓶水的温度最高，哪瓶水的温度最低，看宝宝能否按照温度高低给这些塑料瓶的水排序。这样可以促进宝宝触觉的发展，提升宝宝对温度的敏感度。

3.带宝宝触摸大自然

对宝宝来说，大自然是天然的游乐场，也是最纯粹的玩具。我们可以经常带宝宝走进大自然，让他有机会摸摸泥土、石块、树干、树叶、小草等各种纯天然的东西。另外，还要让宝宝有机会在户外吹吹风、淋淋雨，让他感受一下风吹过皮肤时的柔滑，感受一下水流过皮肤时的湿润，这些都能促进宝宝触觉的发展。

4.和宝宝做亲子游戏

游戏1：丝巾游戏

准备一条丝巾，用丝巾的角触碰宝宝的额头、脸、耳朵、脖子等部位，让宝宝去感受。还可以把丝巾抛起来，让它飘落在宝宝的脸上，然后下拉，让宝宝充分感受丝巾的质地。如果没有丝巾，也可以用透气的棉布、丝绸等物品代替。

游戏2：毛球游戏

有些衣服上有毛茸茸的小球球，它们也可以用来和宝宝做游戏。方法很简单，用毛球在孩子的肚脐处来回滚动，同时伴着儿歌，让宝宝感觉痒痒的。

游戏3：笔刷游戏

找一只干净的毛笔或妈妈没用过的化妆刷，在宝宝裸露的皮肤上轻轻来回刷动，让宝宝感受不同的触觉感受。

游戏4：搓热手掌

把你的手掌搓热，轻轻抚摸宝宝的肚皮。这个游戏不仅可以满足宝宝的触觉需要，还可以促进宝宝的消化系统发育，让宝宝的肚子暖暖的。

味觉敏感期（4～12个月）：
适当让孩子尝一些味道

典型案例

涵涵5个月大了，最近妈妈的奶水已经不够他吃了，她每次吃完奶还是饿得哭闹不止。妈妈还发现大人吃饭的时候，涵涵会目不转睛地盯着看，甚至忍不住咽口水。看得出来，涵涵也想吃饭。有一次，妈妈用小勺舀起一点点蛋花送到涵涵嘴边，没想到涵涵居然有滋有味地吸吮起来。妈妈还试着让涵涵舔一舔橘子的味道，她品尝后立马被酸得皱眉头，但当妈妈把橘子拿开时，她又伸过手来抓橘子，这让妈妈大惑不解。

案例中的涵涵就像一个小馋猫，小小年纪就想品尝各种食物，其实这是进入味觉敏感期的正常表现。

概念和表现

　　味觉敏感期是宝宝出生后的4~12个月期间，对味道敏感的时期，特点是宝宝的口腔可以感觉到酸、甜、苦、辣、咸等味道。这些味道可以有效地刺激宝宝的感官和大脑，帮宝宝打开认识世界的大门，让他感受自己与世界的联系。除了运用舌头品尝不同的味道之外，这一时期宝宝的嗅觉也逐渐发达，他能通过嗅觉分辨不同的气味。

　　事实上，宝宝出生时味觉就已经十分灵敏了。在出生后的第一个月，宝宝的味觉还处于"实习期"，他通过不断地练习，可以区分各种味道，慢慢让自己的味觉"转正"。到了四五个月时，宝宝的味觉就处于"申请转正期"了，这一时期宝宝能够鉴别基本的味道，在味觉上也有了更高的追求，比如，现在他开始追求口感了，对甜食比较偏爱，能够敏锐地察觉到食物味道微小的变化。

　　6~12个月是宝宝味觉的"申请升职期"，这一阶段是宝宝味觉发展最灵敏的时期。如果宝宝有机会品尝各种食物，他就会拥有广泛的味觉感受，以后就比较容易接受各种味道的食物。假如家长给宝宝的食物比较单一，宝宝缺少品尝不同食物的体验，以后接受食物的范围就会比较狭窄，而且还可能不太愿意接受他从未体验过的食品及味道。

　　味觉敏感期是宝宝成长过程中非常重要的时期，在这个时期，宝宝不仅通过品尝味道来认识世界，了解外界环境，与外界产生联系，也会通过品尝不同味道的食物来认识自己，产生自我认知的意识。另外，抓住味觉敏感期也是保护宝宝味觉天赋的关键。

深度解析

婴幼儿时期，保护宝宝的味觉比训练宝宝的味觉更重要。因为如果宝宝的味觉被破坏了，将会导致诸多不良的影响。

首先，导致宝宝食欲不振或挑食。比如，宝宝婴幼儿时期吃了太多"重口味"的食物，就很容易出现味觉退化的问题，他的味觉可能会比正常人表现得迟钝一些。比如，当他吃一些别人觉得口味正常的食物时，他会觉得没什么味道或味道不好，严重的情况下还会引起食欲不振，或让他偏爱油炸食品和腌制的咸菜、泡菜等。

其次，导致宝宝出现蛀牙问题。比如，有些家长见宝宝爱吃甜食，于是在宝宝的食物里加入糖。久而久之，糖分会使宝宝口腔产生大量的酸性物质，侵蚀宝宝的牙齿，很容易出现蛀牙。

再者，导致宝宝脏器病变。比如，家长不注意控制宝宝饮食中的盐分和糖分，会导致宝宝摄入盐分和糖分过多。吃盐过多，会损害宝宝的肾脏，造成钾流失，甚至影响心肌功能；而吃糖过多，会影响宝宝的食欲，损害宝宝的牙齿，甚至会增加宝宝患糖尿病和心脏病的概率。

所以，为了保护宝宝的味觉，希望家长能够抓住宝宝的味觉敏感期，给予宝宝多种清淡口味的刺激，比如给宝宝添加不同味道的辅食。宝宝适应了更多的味道以后，就可以从根源上减小将来挑食的可能性，这对他日后的成长具有很重要的意义。具体来说，味觉敏感期合理给宝宝添加辅食有下以下好处：

1.给宝宝提供丰富的营养

对于4～12个月的宝宝来说，无论是吃母乳还是吃配方奶粉，所摄取的营养都无法满足他快速成长的需要。比如，宝宝成长所需的蛋白质及其他营养元素，会随着时间的推移慢慢增加。如果不添加辅食，宝宝就会因为营养素摄入不足而出现营养不良的问题。因此，添加辅食可以给宝宝提供丰富的营养，有助于宝宝成长。

2.有利于刺激宝宝的大脑和神经

味觉敏感期的宝宝对味觉非常敏感，偏爱甜食，不喜欢吃酸或苦的食物。当宝宝吃到酸或苦的食物时，他的小眉头就会皱起来，再次遇到这种食物时就会抗拒。这说明，这一时期宝宝具备了分辨味道的能力。当宝宝品尝的食物越来越多时，他的大脑和神经就会得到充分的刺激，这不仅会让宝宝的味觉更敏感，还有利于锻炼宝宝的感受力，对宝宝的健康发育非常有好处。

3.有利于锻炼宝宝的行为能力

当家长给宝宝添加辅食后，宝宝的口腔运动形式也会发生变化——从原来单纯的吮吸变成了咬、咀嚼、吞咽等动作，这些动作可以充分锻炼宝宝的口腔肌肉，还可以增强宝宝舌头、口腔肌肉的协调能力，这对宝宝今后尝试自己吃饭很有帮助。

那么，家长应该怎样为宝宝添加辅食，才能保护宝宝的味觉，提升宝宝的味觉敏感度呢？

方法指导

1.及时给宝宝添加辅食

母乳或代乳品是宝宝出生后的第一个味觉刺激源，如果家长不及时给宝宝其他的味觉刺激，那么可能会引起宝宝偏食、拒食等问题。因此，建议家长在宝宝4个月时，开始逐渐给宝宝添加辅食，这样一方面是为了满足宝宝身体发育的营养需要，另一方面是为了让宝宝早点儿适应其他食物的味道，锻炼宝宝的味觉，培养宝宝的感知力。

2.选择适合宝宝的食物

对于味觉敏感期的宝宝来说，蛋白质、脂肪和各种微量元素是最重要的营养成分。家长可以从常用的食材中选择适合宝宝的食物，并遵循从稀到稠，从少到多，从单一到多样的辅食喂养原则。初期可以制作成流状的米糊、果汁等，随着宝宝逐渐长大，再给宝宝制作面条、粥等稍微黏稠一点儿的食物。同时，要根据宝宝的适应情况灵活调整辅食的种类。需要注意的是，蛋黄、鱼虾泥等容易引起过敏的食物要谨慎添加，防止宝宝食用后出现不适。

3.辅食要注意营养搭配

有些家长给宝宝添加辅食时，担心宝宝的肠胃功能不健全，不敢给宝宝添加脂肪含量高的食物，而是给宝宝添加很清淡的食物。殊不知，脂肪是宝宝成长必不可少的营养元素，只要正确添加优质脂肪，对宝宝的肠道是不会产生负面影响的。所以，给宝宝添加辅食一定要注意营养搭配。

4.不断变化食物以刺激宝宝味觉

对于奶粉喂养的宝宝来说，建议每隔三五个月换一种奶粉，避免宝宝长期食用单一口味的奶粉引起味觉迟钝。而通过不断变换食物，可以给宝宝充分的味觉刺激，从而促进宝宝味觉的发展。宝宝6个月以后，家长可以让宝宝尝一尝酸的、甜的、咸的食物，并鼓励宝宝尝试不同味道的食物。

5.让宝宝喝果汁以刺激其味觉

家长可以适当给宝宝榨一些果汁，或者煮点儿雪梨水。当然，这一阶段的宝宝肠胃比较虚弱，榨果汁时最好兑一些温水，防止宝宝饮用后腹泻。另外，不建议直接从超市里购买罐装果汁给宝宝喝，因为市面上的罐装果汁大多为稀释果汁，还添加了大量的糖分和添加剂，不但无法给宝宝提供原汁原味的营养，还会加重宝宝的肝肾负担。

6.帮宝宝建立好的饮食习惯

有些家长发现，给宝宝喂辅食时，宝宝比较抗拒，这种情况下家长比较急躁，就想到在辅食中加糖来吸引宝宝，或给宝宝喂一口辅食，再喂一口糖水。殊不知，这样会让宝宝形成不良习惯，导致宝宝摄入甜食过多，破坏他的牙齿和肠胃功能，甚至带来其他健康隐患。

有些宝宝不爱吃辅食，而是爱喝牛奶，家长误认为宝宝多喝牛奶可以起到吃辅食的作用，于是让宝宝随便喝牛奶，不给或少给宝宝添加辅食。殊不知，牛奶的营养元素有限，并不能替代辅食，长期如此，也会造成宝宝营养不良。

另外，宝宝在1岁之前，身体的各项机能尚未发育健全，如果摄入太多的盐分，将会增加宝宝肾脏的负担。因此，尽量要让1岁以下的宝宝少食用盐，添加辅食的时候以清淡为主，因为清淡饮食可以更好地保护宝宝的味觉。

口腔敏感期（4~12个月）：
不要阻止孩子吃手

典型案例

（一）

在一次亲子课上，有个6个月大的宝宝一直将小汽车往嘴里塞，妈妈着急地问老师："老师，你看我家孩子是不是有问题？怎么总是把玩具小汽车放在嘴里舔？"课后，老师跟这位妈妈进行了简单的交流，这位妈妈才明白怎么回事。

（二）

一个7个月大的宝宝，似乎无时无刻不在吃手指，有时甚至把几根手指一起放在嘴里吮吸。大人想了很多办法，比如往宝宝手上涂辣的、苦的东西，都没能阻止宝宝吃手。

照顾过几个月大宝宝的家长都看到过这样一种现象：宝宝喜欢往嘴里塞各种各样的东西，还喜欢把手指或脚趾放到自己嘴里舔舐、吮吸，而且吃得津津有味，甚至玩具、枕头、衣服、绘本等物品上面，都会留下宝宝最亲密的痕迹。

看完上面的案例，相信很多父母都会产生这样的疑问：为什么宝宝喜欢吃手、吃玩具、咬东西？它们究竟有什么神奇之处，竟让孩子如此着迷？其实，这种现象对于宝宝来说是正常的，这说明宝宝的发育进入了口腔敏感期。

概念和表现

口腔敏感期，也叫口唇敏感期、口欲敏感期，是宝宝在4～12个月这一阶段喜欢吃手、吃脚、咬东西的特殊时期。不过每个宝宝口腔敏感期持续的时间不尽相同，有的宝宝这一时期持续的时间会长一些，有些宝宝这一时期持续的时间短一些，这都是正常的。在口腔敏感期内的宝宝，通常会有以下表现：

表现1：吃手指、吃脚丫

处于口腔敏感期的宝宝最常见的一种表现就是爱吃手。两三个月的时候，宝宝的身体协调性有限，他吃手会先从吃拳头开始，随着月龄的增加，宝宝的精细动作能力越来越强，他渐渐可以把手指分开，因此这一阶段宝宝吃手通常是从大拇指开始，逐渐增加到其他手指。当然，这一阶段宝宝还会把脚丫放进嘴里，很享受地啃咬、吮吸。

表现2：咬人

1周岁前的宝宝，有时候会突然出现咬人的现象。他们先是拉过你的手，或捧着你的脸，然后趁你不备，突然狠狠地咬一口，再迅速躲开。如果你是妈妈，又有过母乳喂养的经历，那么你可能在喂奶时经常被宝宝咬——那是一种揪心的疼，让你半天都缓不过来。

有位妈妈喂奶时经常被宝宝咬，时间长了乳头处竟被咬出一条深深的痕迹，导致哺乳时产生钻心的疼痛感，再后来她疼得没办法给孩子喂奶了，结果又憋出了乳腺炎。等治好乳腺炎后，这位妈妈的奶也回了一大半，可仍然阻止不了孩子咬她，这让她感到很沮丧。

其实，宝宝咬人并没有恶意，他咬你只是想感受一下你皮肤的"口感"。当你"责备"宝宝时，宝宝往往也不会当真，还会继续咬你，甚至感觉很好玩，这会让你很苦恼。有些妈妈受不了被宝宝咬的疼痛，干脆给宝宝断了奶。

表现3：咬东西

进入口腔敏感期的宝宝，不管拿到什么东西，往往都要塞到嘴里尝一尝，比如奶嘴、磨牙棒、玩具，甚至枕巾。有时候宝宝还会咬住东西欢快地甩动，看他那样子，你会觉得很好笑。但如果你把东西从他嘴里拿走，他就会哭闹以示反抗，直到你把东西还给他，他才会恢复之前的兴奋，然后继续把东西放到嘴里咬、吸。

当你看到宝宝以上几种表现时，会不会觉得太脏而试图去阻止宝宝，或因为宝宝咬人而斥责宝宝呢？如果你这样做，那么实际情况往往收效甚微——宝宝依然会沉迷于啃、吸手指或物件，有时候他还会因为你的阻止而生气、哭闹。这到底是怎么回事呢？

深度解析

其实，宝宝之所以喜欢吃手指、脚丫，喜欢咬东西，是因为宝宝的视觉功能在这个年龄阶段还不完善，他们的手部神经也不发达，甚至痛觉都不是很敏锐，他们探索未知世界最有把握的工具是他们的小嘴——每天用来感受温度、吮吸乳汁的小嘴。可以说，口腔是连接宝宝和外部世界最自然的通道，是他们用来认识周围一切的最好帮手。

如果大人盲目地阻止宝宝吸吮手指、脚丫，咬东西，那么宝宝没有正常度过口腔敏感期，往往会出现诸多不良后果，归纳如下：

口腔敏感期会变得比较漫长，反复出现至三四岁，甚至更久；

进入幼年时期，孩子爱咬手指甲、啃异物，易有焦虑情绪；

孩子再长大一些，可能出现抢别人食物，捡地上食物，乱咬东西，吐口水，说脏话等行为；

孩子长大成人后易形成攻击性人格，在与人发生冲突时，可能会以撕咬等方式表达攻击性。

所以，宝宝的口腔敏感期非常重要，父母应该帮宝宝顺利度过口腔敏感期。

方法指导

具体来说，家长可以这样做：

1. 不要强行阻止孩子吃手、咬东西

当你发现宝宝吃手、咬东西时，请不要强行阻止，也不要担心不卫生或担心宝宝养成吃手习惯，而给宝宝戴上手套，这种做法是不科学的。要知道，吃手、咬东西是宝宝在用口腔进行探索，强行限制或人为约束会妨碍宝宝的智力发育，而且会导致宝宝的口腔敏感期滞后，或引起宝宝喜欢咬人等问题。

2. 保证入口的东西相对干净、安全

当宝宝吃手或咬东西时，大人担心不卫生、不安全是正常的，这时大人最应该做的是保证进入宝宝口腔的东西相对干净、安全。比如，经常给宝宝洗手，对宝宝常咬、常吸的东西进行消毒。当然，即使做不到严格消毒，后果也不会像你想象的那么可怕。因为不是所有的细菌都对人体有害，即使是有害的细菌，也只是在宝宝抵抗力较差的时候才会侵入宝宝体内。人的机体有一个自适应的过程，让宝宝适当地接触细菌有助于增强他的免疫力。相反，宝宝在无菌环境下成长，反而不容易对细菌产生抗体。

另外，特别要注意的是，一定要确保进入宝宝口腔的物件是安全的。比如奶嘴、磨牙棒、安抚巾、各种安全的玩具等，宝宝想咬就咬，家长大可放心，而小纽扣、大头针或有毒物体等带有安全隐患的东西，千万不能让宝宝接触到，以免宝宝误食，引发危险。

3. 给宝宝提供充分的探索机会

与大人"吃完这个，再吃下一个"的逻辑不同，宝宝喜欢在同一时间品尝各种不同味道、不同口感的食物。因此，家长要尽可能提供不同质地、性状、味道的食物或东西让宝宝用口腔去探索，从而满足宝宝的探索需求，丰富宝宝的口腔体验，从而帮宝宝顺利度过口腔敏感期。比如，在宝宝出牙期给宝宝准备磨牙棒，还可以给宝宝剥开一根香蕉让宝宝吸吮，也可以给宝宝购买一些磨牙饼干让宝宝咀嚼。这样既可以满足宝宝口腔敏感期的特殊心理需求，又可以锻炼宝宝的咀嚼能力。

4.平常心对待宝宝咬人的行为

有些不了解宝宝敏感期的家长，见宝宝出现咬人行为时会训斥、恐吓宝宝："你如果再咬，我就生气了。""你再咬人我就打你了。"有些妈妈在对宝宝进行母乳喂养时，宝宝会咬妈妈，妈妈也会小题大做，认为宝宝淘气。其实，这是宝宝口腔敏感期的特殊心理在作祟，家长要用平常心去对待，即使被咬了，也不要表现得很急躁或大惊小怪，以免吓到宝宝或给宝宝造成压力。正确的做法是，用其他事情暂时转移宝宝的注意力，比如，捡起一个玩具扔给宝宝看，或给宝宝一个磨牙棒，塞给宝宝咬。过一会儿，再继续对宝宝进行母乳喂养。

第 2 章

动作发展敏感期：
多给孩子活动的机会

常言道："三翻六坐七滚八爬十二走。"这些育儿的经验，是有一定科学依据的。儿童发展心理学研究发现：翻身、坐立、翻滚、爬行、行走等是孩子成长过程中的大运动，代表的是孩子动作能力的发展，是孩子动作敏感期常见的行为表现。在此期间，父母应该创造机会让孩子运动，这不仅可以锻炼孩子的行为能力，还有利于发展和锻炼孩子的左右脑。

手部动作敏感期（6~12个月）：
陪孩子一起扔东西

典型案例

胡女士的儿子7个月大的时候，对软软的东西特别感兴趣。有一次，胡女士正在和面，奶奶抱着小孙子在旁边玩。看着妈妈来回揉着面盆里的面，胡女士的儿子显然来了兴趣，他用小手指着面盆，嘴里嘟囔个不停，直朝胡女士那边挣扎。

奶奶见状，厉声告诫道："那是吃的，不是你的玩具，不能玩！"说完就把孙子的小手拉回来。小孙子却不依不饶，可他哪能挣脱奶奶呀，于是便大哭起来。最后，胡女士实在没有办法，只好弄了一块小面团，让儿子坐在小推车里玩面团。儿子兴奋地抓捏面团，嘴里不时尖叫着。就这样，他竟然独自玩了很长时间。

有时候儿子表现得很淘气，他会把大人递给他的饼干扔掉，还会把桌子上能拿得动的物品都扔到地上。扔完之后，要么看着地上乱七八糟的东西"坏"笑，要么脸上表现出十分满足的表情。当然，这个淘气包没少被奶奶训斥，幸好胡女士略懂孩子的心理，经常劝说婆婆不要阻止、训斥孩子。

很多家长发现，宝宝半岁之后，经常趁大人不注意，把家里搞得一团糟。比如，把卫生纸撕碎，扔得到处都是，或乱丢玩具。有些家长见家里被宝宝搞得很乱，就去阻止宝宝。这时宝宝很可能会抗拒，出现哭闹的情况，而家长则认为宝宝不听话，是在故意捣乱，事实真是这样吗？

就像案例中的孩子，其种种行为并非故意捣乱，而是处于手部动作敏感期的表现，孩子是在验证手的功能、练习手的功能。我们知道，孩子刚出生时，口是他们主要的探索"工具"。后来，是口唤醒了手，表现为孩子喜欢把手伸进嘴里，随着手部功能逐渐被唤醒和手部肌肉逐渐发达，孩子又发现手不仅能抓东西，还能扔东西，并且他们会不断验证这一新功能。

概念和表现

手部动作敏感期，是指在6～12个月这个阶段，孩子喜欢抓那些软软、黏黏的物品，或见到方的东西就捏，见到圆的东西就按，见到线就拽，见到孔就抠的特殊时期。比如，这一时期，孩子看到沙子、剥开的香蕉等，就会抓着玩。当看到沙子、香蕉泥从指缝之间穿过时，孩子会想：好神奇呀！在这种体验的过程中，孩子会获得极大的满足感。

表面上看，孩子做的是简单的破坏动作，但实际上是通过手来捕捉事物、认识事物，进而探索未知的世界，并构建自己内在的世界。通过手去摸、去揉、去扔、去拽，孩子可以感知手所接触的东西，并感知他们的差别。比如，有的孩子喜欢水，他每次洗澡时都会用手抓水，可是水是抓不住的，但却玩得不亦乐乎。

深度解析

在手部动作敏感期，孩子往往会扮演家庭环境的破坏大王这一角色。他们会把整卷卫生纸撕扯得满屋子都是；把面条、水果抓得黏黏糊糊，弄得全身都是；把能够到、抓到的东西扔得到处都是，弄得满屋子乱七八糟；把地上的头发丝、小线头抓在手里玩……对于这些行为，家长应该让孩子自由去体验，这样做有两个明显的好处：

1. 有利于提高孩子的记忆力及反应的敏捷度

有个成语叫"心灵手巧"，说的就是"心灵"与"手巧"之间的关系。科学研究证明，一个人手指的灵活性与记忆力及反应的灵敏度有很大的关系。如果家长在孩子手部动作敏感期创造条件，让孩子充分体验抓、捏、拿、扔等动作，那么就会刺激大脑相关的神经中枢，这对促进孩子的记忆力发展和提高孩子反应的敏捷度都很有帮助。

2. 促进孩子精细动作发展，进而促进孩子智力发展

用手指捏起细小的物体，这属于手部精细动作。手部精细动作的发展对孩子智力的发育有很重要的促进作用，有利于孩子深入地感受和探索物品的大小、形状以及特性，可以大大提高孩子的认知能力，帮孩子更好地建立空间感。

家长应当经常有意识地引导孩子去抓捏微小的物品。由于微小的物体目标较小，需要孩子的眼睛更精准地调节焦距，因此可以很好地锻炼孩子的视觉能力。而且还能改变孩子的抓捏方式，锻炼孩子指尖细小肌肉群的协调动作。

如果家长贸然阻止孩子的这些动作，使孩子失去自由体验的机会，那么对孩子会有什么不良影响呢？答案是孩子手部动作敏感期将会延长，甚至导致孩子到了四五岁时仍然会拒绝学习使用筷子、勺子，而是直接用手抓饭、抓菜，以体验那种软软的、黏黏的感觉，这将会影响孩子手部精细动作的发展，而且会影响孩子大脑的发育。

方法指导

那么，家长应该如何帮助孩子顺利度过手部动作敏感期呢？

1. 不要阻止孩子"搞破坏"

孩子6个月之后，会进入手部动作敏感期，这一时期的他可能会把东西搞得特别乱，这是孩子用手探索世界的表现，家长千万不要阻止孩子，更不能批评、责骂孩子。如果总是责骂孩子，将会影响孩子手部功能的锻炼，也会影响孩子顺利度过这一敏感期。

2. 和孩子玩撕纸的游戏

撕纸游戏是锻炼孩子手部动作敏感性的一种很好的方式。在撕扯的过程中，孩子能够练习很多手部动作，家长不妨和孩子一起玩。玩法很简单，家长可以先给孩子准备材质松软的卫生纸，给孩子做示范撕出不同的形状，鼓励孩子跟着做，让他尽情地撕扯。当孩子手部力量有所增加后，家长可以给孩子准备一些稍厚、稍硬的纸。需要注意的是，家长陪孩子玩撕纸游戏时，要防止孩子把纸放到嘴里吃，而且每次撕纸游戏结束后，要记得给孩子洗手。

3. 给孩子不易损坏的玩具

孩子在手部动作敏感期内喜欢扔东西，家长不妨给孩子提供一些不怕摔、落地时不会发出太大响声的玩具，如毛绒玩具、橡胶玩具、塑料玩具等，让孩子在床上、婴儿车里尽情地扔。

需要注意的是，家长陪孩子玩扔玩具的游戏时，可以和孩子面对面坐着，中间隔一点儿距离，一起拿个毛绒玩具扔过来扔过去，这样不仅可以锻炼孩子的能力，还能促进亲子关系的发展。

4. 用绳子拴住玩具给孩子玩

为了方便孩子玩玩具，家长可以将玩具用短线或皮筋儿拴在孩子手边，或婴儿车上，或床头，当孩子把玩具扔出去后，家长指导孩子把玩具拉回来。这样，孩子就不会因够不到玩具而哭闹了，同时也省去了家长捡玩具的烦恼。

5. 不要让孩子玩食物

为什么不让孩子玩食物呢？一是不卫生，二是因为把食物扔在地上不好收拾，三是浪费食物。因此，当孩子吃饱后，家长最好及时把孩子面前的饭碗和食物拿开，防止孩子玩弄食物。

行走敏感期（1~2岁）：
多让孩子站和走

典型案例

    舟舟1岁半的时候刚刚学会走路，那时他整天伸着两只小胳膊，像企鹅一样晃晃悠悠地走来走去，还一会儿看看这儿，一会儿看看那儿，样子非常可爱。

    一天，妈妈带舟舟在公园的草坪上玩，舟舟可兴奋了，在草坪上欢快地行走。可因为草坪太软，有些地方高低不平，他不小心踩空了，跌坐在了草坪上。妈妈过去扶他起来，他却一把推开了妈妈，自己爬起来继续行走。

    就这样，舟舟绕着公园的草坪走了一大圈。妈妈担心他会累，于是想抱抱他，没想到他再次推开了妈妈，又高兴地走了起来。妈妈看到这个精力十足的小家伙，不禁疑惑："这个孩子怎么走起来不知疲倦呢？"

为什么孩子刚学走路的时候，总是乐此不疲地行走呢？其实，这是因为孩子进入了行走敏感期，这代表他们已经从一个凡事需要家长照顾的个体，发展成了一个能够探索外界的自由个体。如果父母强行抱他们，让他们停止行走，他们可能会通过哭闹来表达不满。

概念和表现

那么，什么是行走敏感期呢？行走敏感期是指孩子在1~2岁刚学走路的时候，喜欢通过走路去感知事物、探索世界的一个特殊时期。这一阶段的孩子好像不知疲倦一样，十分热衷于走路。

我们知道，经历了手的敏感期之后，孩子急切地需要扩大自己的探索范围，一开始他们会用爬行的方式锻炼腿和手的协调性，增加腿部、手部的肌肉力量和运动神经的控制能力，以便为后来的行走奠定基础。

在1岁之后，孩子的腿部已经具备了一定的力量，身体的所有功能都处于不断完善中，这时孩子就需要通过不停走动来进一步锻炼腿部力量。细心的家长会发现，孩子从最初需要父母拉着手走，渐渐到独立行走，到上下坡、爬楼梯，再到专走不平的地方……最后孩子会把所有注意力都放在"行走"上，喜欢不停地走，即使走不稳也不愿意放弃尝试，这表明孩子的行走敏感期到来了。

处于行走敏感期的孩子，喜欢不停地行走，乐此不疲。留意一下你会发现，孩子越是走不稳的时候，越愿意走路。当孩子在平地走稳了时，他们就会喜欢走坡路。坡路走稳了时，他们又喜欢爬楼梯，似乎永远都在寻找自己走不稳的路去走。

很多家长不理解孩子的这种心理，总想着扶孩子走路或抱一抱孩子，却不知道孩子是在体验走路的感觉，体验挑战自己的感觉。在这个过程中，孩子不断地挑战自己，练习在不同路段上行走的技能，这是孩子熟练掌握行走本领的必经之路。

深度解析

意大利幼儿教育家、敏感期理论的创立者蒙台梭利说，学会走路是孩子的第二次诞生，因为行走能力的发展可以大大促进孩子独立性的发展，而且行走扩大了孩子的活动范围，让孩子有了更多探索的机会，从而丰富其认知经验。因此，行走敏感期对孩子的成长极为重要。具体来说，行走对孩子成长有以下几方面的意义。

1.行走可以让孩子获得强烈的成就感

一位妈妈说，有一次她带儿子在公园溜达，突然儿子挣脱她的手，晃晃悠悠地向花丛走去。由于走得太急，儿子不小心摔了一跤。令她惊讶的是，儿子并没有哭。当她把儿子抱起来时，儿子再次挣脱她的手朝花丛走去。到了花丛边，儿子停下了脚步，只见他先趴下来，慢慢向花丛边的台阶爬去，最后他顺利地爬上台阶，摘下了一朵花。这时妈妈才明白，原来儿子费劲地爬过去，为的就是采一朵花。

当孩子跌跌撞撞，甚至摔倒了之后又爬起来，最后到达自己想去的地方时，他们会获得强烈的成就感，他们会爱上探索世界。这个过程中他们的自我意识也会得到发展，精神世界也会变得更独立。

2.行走可以让孩子从束缚的状态解脱

在学会走路之前，孩子对空间的感知和对外界的探索都是被动的，或者需要依赖大人，这时他们处在一个不自由，甚至受束缚的状态。当孩子学会自己走路后，他们的世界就发生了变化，他们的活动不再必须依赖大人，他们的活动范围也扩大了很多。此时，他们可以自由地去探索，周围的环境中有什么吸引他们的，他们就会走过去看，从而尽情地享受自由空间带给他们的乐趣。这对孩子来说是一个意义重大的突破，意味着孩子开始自由支配自己的生活。

3.行走可以让孩子掌握更多复杂的技能

儿童的所有动作、行动都与他们的心智和体能密不可分，没有健康的动作，就不可能有健康的心智。处在行走敏感期的孩子热衷于走路，家长如果能够抓住这一点，敢于放手让孩子去锻炼，将会促使孩子练习更加复杂的技能，从而帮孩子更好地成长，更好地适应周围的环境。

方法指导

处在行走敏感期的孩子往往会乐此不疲地挑选那些脏、乱、差的地方行走，对此，父母不但不能训斥孩子，还应该保护孩子的这种行为，同时还要做好必要的引导，帮孩子顺利度过这一敏感期。

1.给孩子创造安全的行走环境

孩子在行走敏感期内会发狂地爱上走路，但由于肢体力量有限，平衡感尚且不足，因此他们走路不稳，随时可能摔跤。很多父母见到这种情况，要么强行阻止孩子走路，要么弯着腰跟在孩子后面，时刻准备去扶孩子，免得孩子摔倒。这就使得家长非常累，有些家长会表现得很厌烦，并因此阻止孩子行走。殊不知，这样会导致孩子行走敏感期推迟到3岁多甚至4岁。

明智的做法是，尽量给孩子创造安全的行走环境，这样家长就不用担心孩子摔跤受伤。比如，在客厅地板上铺上泡沫垫，给孩子穿上防滑袜，用防撞泡沫把尖锐的桌角包住，将家中危险的物品如刀子、热水壶等收起来。最重要的是，不要让孩子离开大人的视线。如果孩子跌倒了，在确保孩子没有受伤的前提下，应该鼓励孩子自己站起来。

2.不要用学步车教孩子学走路

很多家长对孩子走路摔跤很担心，会给孩子准备学步车，让孩子坐在学步车里学习走路。表面上看，孩子坐在学步车里很自由，不会摔倒，而且想去哪儿就去哪儿，但实际上学步车给孩子带来的隐患远远大于这点儿好处。

我们知道，孩子在学习走路的过程中，要不断练习控制自己重心的能力，让身体保持平衡，但在学步车里孩子不用协调手脚、控制重心、保持平衡，就可以行走。久而久之，孩子的走路姿势就会出现问题，而且容易造成孩子腿部力量发育问题，比如容易造成扁平足、"O"型腿等问题。

因此，建议家长不要用学步车教孩子学走路，而要给孩子足够的自由空间，让孩子尽情体验独立行走的快乐，并适时给予帮助。

3. 让孩子在感兴趣的地方行走

在行走敏感期内，有些孩子对楼梯很感兴趣，喜欢爬楼梯；有些孩子对带"坡"的空间非常感兴趣，喜欢走上坡路、下坡路；有些孩子喜欢在公园的草坪上走路；有些孩子喜欢走坑洼不平的路。作为家长，应该明确孩子喜欢在哪些地方行走，顺应孩子的兴趣，保护孩子走路和探索的欲望，同时带孩子体验不同的道路，锻炼孩子的腿脚功能。因为不同的道路对孩子腿部的锻炼作用是不同的，孩子只有反复地去感知腿脚的功能，才能让腿脚的潜能逐渐发挥出来。

举个例子，你的孩子喜欢走坑洼不平的路，那你不妨带他去体验这样的路。当孩子走在前面时，你就跟在后面，他走你就走，他停你就停。需要注意的是，由于孩子行走动作不熟练，速度肯定赶不上你。因此，当你陪孩子走路时，应该告诉孩子"慢慢走，妈妈等你"，而不是催促孩子"快点儿走"。你还要注意保护好孩子，在孩子摔跤后鼓励孩子站起来，或在孩子摔跤哭泣时安抚孩子的情绪。

如果孩子在行走的时候，发现路上有水坑，想去踩水坑，那你不妨由孩子去踩。衣服脏了可以洗，但是这个阶段一旦错过，今后你再想让孩子去踩水坑，孩子可能就没兴趣了。在行走敏感期这个特殊阶段，家长要想帮助孩子，最好的办法是与孩子保持一致的节奏走路，努力配合孩子，让他自由行走，自由探索。

4.训练孩子控制力量的能力

行走敏感期是孩子学习行走的关键时期，孩子刚开始学习走路时，会表现出各种各样的走路姿势，如企鹅式、举手式、鸭子式，或跌跌撞撞，或踮脚走路，或像醉酒的人一样摇摇晃晃。这些可爱的姿势其实主要源于两个方面的原因：

原因之一是孩子的身体平衡能力有限。因为人在站不稳的时候，会不自觉地踮脚，举起双手，或双脚岔开，或往外摆动，这样可以让自己站得更稳。比如，我们在独木桥上行走时，会张开双手，让自己保持平衡和稳定，而当我们站在高处的边缘时，我们会踮脚以让自己保持平衡。

原因之二是控制力量的能力有限。有过醉酒经历的人大概知道，当感觉自己往左边倒时，就会往右边使劲，结果一使劲，力量太大了，反而倒向了右边。孩子行走的时候之所以像醉酒了一样到处摇晃，就是因为对自己身体的力量控制不好，无法自如地调节力量的大小。

那么，怎样提高孩子控制力量的能力呢？推荐一个简单的方法，就是家长带着孩子小步跑，然后突然停下来。如果孩子能平稳地停下来，那说明孩子控制力量的能力不错。如果孩子无法控制自己停下来，家长就可以通过直接抱住的方式让孩子停下来。多练习这个动作，让孩子尝试控制自己的身体走和停，有利于提高孩子控制自身力量的能力。

5.在孩子需要的时候给他"抱抱"

虽然处在行走敏感期的孩子喜欢走路，但当他经历了一段时间的行走练习，获得足够的行走经验后，可能会重回父母的怀抱，要求父母"抱抱"。此时，父母应该满足孩子渴望被抱的需求，而不应该对孩子说："你自己会走路了，干吗还要我抱你？"因为在孩子需要的时候给他拥抱，能给孩子传递安全感，可以让孩子鼓起勇气再一次启航，从而更加熟练地行走。

动作协调敏感期（1～3岁）：
满足孩子运动的需求

典型案例

（一）

2岁半的小龙最近非常"叛逆"，特别喜欢丢东西，玩具被他丢得满地都是，衣服被他扔得乱七八糟。爸爸妈妈是爱整洁的人，见家里被小龙弄得乱七八糟，有时忍不住会嚷小龙。可是小龙完全不当回事，反而乐呵呵地继续捣乱。

（二）

徐女士去朋友家做客，朋友跟她说起了育儿的烦恼。朋友的女儿两岁多，平时乖巧、懂事，但就是有一个坏习惯，那就是喜欢乱丢东西。她不仅喜欢丢自己的玩具、零食，还喜欢丢吃饭用的碗、勺子和桌子上的餐垫、餐巾纸盒，甚至家人进门脱下来的鞋子，也成了她脚下的"足球"，被踢来踢去。

经常看到一些家长被自己两三岁的孩子折腾得半死，因为孩子精力旺盛，总是没完没了地跑来跑去，还喜欢捣乱、扔东西。大人们都想清静一下，怎奈孩子不允许，于是大人们指责孩子太闹腾。其实，并不是孩子故意闹腾、捣乱，而是因为他们进入了动作协调敏感期，他们的身体里有一股强烈的运动、丢东西的欲望。

概念和表现

动作协调敏感期通常发生于孩子1～3岁之间，在这一年龄阶段，孩子的大脑对于自己的肢体行为有强烈的控制欲望，表现为没完没了地跑跳、搞破坏、丢东西、用脚踢东西、吃饭的时候用勺子敲击碗碟，等等。这一时期，就是孩子的动作协调敏感期。

事实上，这些行为并不是孩子故意为之，而是因为他们想更多地操控自己的肢体，但大脑对于自己肢体协调性的控制能力还不够，这就导致孩子容易犯错，给人一种故意捣乱、胡乱丢东西的假象。

当然，孩子爱丢东西、爱捣乱还有另一种可能，那就是想引起家长的注意，希望得到更多的关注。因此，不明原因就对孩子一顿训斥是不明智的。

深度解析

好奇、好动是孩子的天性，不仅表现在思维方式上，也体现在孩子的行为表现上。1岁的宝宝对某物好奇的时候，受动作能力的局限，只会用眼睛瞪着看，而2～3岁的孩子因受动作发展敏感期的内在驱动，会尝试动手去试。因此，当你发现孩子爱丢东西、爱捣乱，喜欢摸摸这、敲敲那时，说明他已经成长了，开始进入动作协调敏感期了。

处于动作协调敏感期的孩子，喜欢破坏、捣乱、搞恶作剧是很正常的，这也是孩子创造力和想象力发展的表现。作为家长，千万不要一味制止和训斥孩子，而要抓住这一关键时期给予孩子正确的引导，培养孩子内心的秩序感，帮孩子顺利度过动作协调敏感期。

方法指导

1.对孩子多些理解和耐心

动作协调敏感期是孩子成长过程中必经的阶段，这一阶段孩子会表现得比较"讨人嫌"，最让家长闹心的是孩子特别"不听话"。你刚告诉他不要动这个，不要动那个，他马上就去动动这个，动动那个……这些其实都是正常现象，家长不必动气，也不必斥责孩子。

要认识到，这并不是孩子养成了坏习惯，而是孩子成长过程中特定时期的一些正常表现。因此，再看到孩子乱扔东西时，没必要粗暴地责怪，而要耐心地引导。特别是当你发现孩子不听劝时，更要耐住性子和孩子好好说话。只有当你保持足够的耐心时，才可能帮助孩子更好地规范他的行为，引导孩子顺利度过动作协调敏感期。

2.要求孩子负责收拾残局

在动作协调敏感期内，家长没必要阻止孩子捣乱、丢东西，因为这些事情很难用对错去规范，况且这个阶段的孩子很难理解什么是对的，什么是不对的，什么是不符合规范的。家长能做的，就是要求孩子在每次捣乱之后自行收拾残局。

在孩子收拾残局的时候，家长可以引导孩子学会分类管理，比如把所有的玩具放在一个玩具桶里，把书籍整齐地叠放在桌子上，把废弃的物品放入垃圾桶等。让孩子知道，每个物品都有属于自己的位置，这样可以培养孩子内心的秩序感，让孩子养成有条理、懂规范的好习惯。

3. 鼓励孩子做部分家务

处于动作协调敏感期的孩子精力旺盛，好奇心强烈，渴望尝试和探索，这个阶段也是培养孩子动手能力的好时机。家长可以鼓励孩子尝试做部分家务，比如，大人搞卫生的时候，让孩子负责擦桌子；开饭的时候，让孩子负责摆放筷子；整理房间的时候，让孩子负责对个人物品分类——尽管孩子动手能力一般，做过的事情也许还需要家长重做一遍，但是千万不要嫌弃孩子，要多肯定、多鼓励他，这样孩子才会积极地投入家务劳动中来。这样做不仅能锻炼孩子的动手能力，还能培养孩子的家庭责任感，让孩子增强自我价值感。

4. 设法满足孩子的运动欲望

可能家长都有这样的感触：两三岁的孩子总有无穷无尽的精力，大人累得不行了，只想躺着，孩子却闲不住，生龙活虎，活蹦乱跳，还大嚷大叫。为了让孩子安静点儿，有些家长会让孩子看电视、玩手机。这样孩子确实能安静一会儿，但孩子的运动欲得不到释放，而且他还容易沉迷于看电视、玩手机，以至于影响视力。因此，家长千万不要图省事，而要设法满足孩子的运动欲。

我们知道，1岁多的孩子基本能够独立走路，2岁孩子已经走得很稳了，3岁孩子可以到处跑，可以在沙发、床上爬上爬下。因此，动作协调敏感期是培养孩子身体肌肉群的大好时期。在孩子1岁多的时候，家长可以准备一个儿童活动垫，让孩子从蹒跚学步开始练习爬行、翻身、走路。与此同时，家长可以和孩子在活动垫上玩亲子互动游戏，而这往往是孩子最感兴趣的。

孩子2岁之后，家长可以在天气晴朗的日子，带孩子外出活动，如逛公园，在草坪上追逐；爬小山，锻炼孩子的体能；到树林里去探索未知的事物，见识不曾见过的花草、鸟类、昆虫等。还可以带孩子去游乐场，让孩子在各种游乐设施上嬉闹，尽情释放体内的运动欲望。当孩子的运动需求得到满足后，当孩子的精力得到充分释放后，他回到家里就不那么调皮捣蛋了。

细微事物敏感期（1.5～4岁）：
欣赏孩子的"小动作"

典型案例

这天，张女士准备带刚满2岁的儿子文鑫去游乐场玩，走到小区楼下时，遇到邻居赵大妈买菜回来，张女士就跟赵大妈闲聊了几句。等她扭头看向文鑫时，发现文鑫已经蹲在地上了。只见文鑫入神地盯着地上爬来爬去的蚂蚁，连手里拿着的饼干都忘了吃。

"文鑫，蚂蚁有什么好看的？走吧，带你去游乐场玩！"

没想到文鑫头也不抬地回了一句："不去！"

"你这孩子，在家里吵着要去游乐场，怎么又不去了？"张女士大惑不解。

还有一次，张女士带文鑫逛公园，文鑫对路边的小石子、小野花颇有兴趣，时不时蹲下来捡小石子玩，或停下来看一看野花，还会凑上去闻一闻。

除了在外面对小东西感兴趣，文鑫在家里对地上的小线头、小纸屑，甚至细小的头发丝也感兴趣。他经常捏起一根小头发丝，转手又扔掉，或把这些细小的东西收集到一起。如果妈妈把他收集到一起的小玩意儿弄乱了，他还会生气发脾气呢！这让妈妈经常感到很疑惑，直言道："你这孩子太莫名其妙了！"

孩子1岁半之后，好像不会再对那些色彩鲜艳、闪亮的东西感兴趣，而是喜欢一些小东西，如路边的小石子、地上的蚂蚁、小豆子、小珠子、小花瓣，等等。很多家长不理解：蚂蚁有什么好看的？小石头有什么意思？小线头、小纸屑、头发丝多脏啊！可是1岁半之后的孩子偏偏对这些小东西感兴趣，因为他们已经进入细微事物敏感期，在这个特殊时期，微小的东西总是能够吸引他们的注意，细小的东西在他们眼里都是无比神奇，且充满乐趣的。

概念和表现

那么，什么是细微事物敏感期呢？细微事物敏感期，是指孩子对蚂蚁、头发丝、豌豆、米粒、小石子等细微的东西产生兴趣的特殊时期。细微事物敏感期通常开始于孩子1岁半之后，于孩子4岁左右结束。

当孩子喜欢把小线头、头发丝捏在手里玩耍，甚至往嘴里塞的时候；当孩子喜欢捡拾烟头，捡起沾满泥巴的小树枝、小石子，并把它们当宝贝一样收藏起来的时候；当孩子对小孔、小洞这类东西感兴趣，经常去抠它们、用东西戳它们的时候，说明孩子已经进入细微事物敏感期了。

事实上，孩子对细微事物感兴趣是"可怕的"，因为他们总会做出让你惊出一身冷汗的事情。比如，他们喜欢把小手指塞进电源插座的小孔，还可能拿着一枚图钉、一根别针玩耍。因此，家长的视线一刻也不敢离开孩子，生怕稍有疏忽孩子就会发生危险。

深度解析

很多家长疑惑：为什么处在细微事物敏感期的孩子对小东西那么痴迷？对于孩子的这种癖好，他们多少有些接受不了，可能第一反应就是要阻止孩子。毕竟，那些小东西看起来很脏，或者可能会给孩子带来危险。

可是，如果能换个角度想一想，把孩子的这个敏感期利用好了，那么这个阶段就是培养孩子敏锐观察力的大好时机。因为孩子的嘴巴、眼睛、耳朵、鼻子、手等部位蕴藏着巨大的探索潜能，他们观察细小事物的时候，可以锻炼观察力、注意力。在这个过程中，孩子的视觉能力、触觉能力以及手眼协调能力都能得到锻炼和发展，还能使孩子养成耐心观察的习惯。

因此，当孩子关注那些"微不足道"的小东西时，父母要理解孩子独特的心理需求，懂得欣赏孩子的"小动作"，并给予孩子足够的时间和耐心，在保证安全的前提下给孩子探索的自由。

方法指导

具体来说，在细微事物敏感期内，家长可以通过以下几种方法来锻炼孩子：

1.和孩子一起创造一些小玩意儿

有些家长认为，既然观察细微事物可以培养孩子的观察力，那就直接将许多小东西摆在孩子面前，让他一个个地认、一个个地玩就好了。殊不知，这样做是在强制性地培养孩子的观察力，并不一定能引起孩子的兴趣。因为孩子大都是先对某个细微事物产生兴趣，然后再积极地去认识、去观察这一事物。因此，建议家长和孩子一起创造一些小玩意儿，比如剪一些小线头，或和孩子一起撕纸等，在这个活动过程中，家长陪伴了孩子，孩子也能体会到细微事物带来的快乐。

2.带孩子到大自然中观察新事物

对于成长中的孩子来说，大自然永远是最好的老师。因此，父母不妨多带孩子到大自然中去观察、去探索新事物。比如，带孩子到大自然中观察小虫子、小蜜蜂、小蚂蚁等。在这个过程中，家长可以适当给孩子做一些讲解，让孩子既能体会到观察的乐趣，又能从中学到一些知识。

当然，家长没必要提前告诉孩子"今天我们要观察什么"，也不一定要让孩子认识什么、学到什么知识，而是在顺其自然中，在悄无声息中引导孩子去观察新事物，以保护孩子的观察兴趣、满足孩子的观察兴趣为主要目的。

3.不要打扰孩子的"观察工作"

当孩子聚精会神地观察某个事物时，奉劝家长不要以关心为名打扰孩子。比如，问孩子："宝贝，你渴不渴啊？""宝贝，你饿不饿啊？"因为这会打扰孩子，分散孩子的注意力，妨碍孩子注意力的养成。要知道，孩子认真观察某个事物其实也是一种"工作"，就像我们工作的时候不希望被打扰一样，孩子也不喜欢自己的"观察工作"被人打扰。

4.尊重孩子收集起来的小玩意儿

处在细微事物敏感期内，孩子对什么东西感兴趣，就可能去收集这种东西。有时候家长不理解孩子的这种行为，认为这些东西既没用，又没收藏价值，而且脏兮兮的，弄得家里很乱。其实，这种收集行为是孩子这一阶段心智发展的需要。家长应该理解孩子的这一心理需求，尊重孩子收集起来的小玩意儿，还可以给孩子准备专门的收纳箱、收纳盒，切不可随意丢弃孩子收集的小玩意儿。

5.和孩子玩几种手眼协调的小游戏

在细微事物敏感期，家长可以多和孩子玩以下几种小游戏，既可以培养孩子的观察力，又可以训练孩子的手眼协调能力，促进孩子细微动作能力的发展。

游戏1：盖瓶盖

找来矿泉水瓶子，把瓶盖拧下来给孩子玩，抓捏瓶盖的过程中，可以训练孩子手部的抓握功能。抓瓶盖的过程中，家长还可以引导孩子把瓶盖盖在瓶子上，这比单纯抓瓶盖难度更大，家长要多鼓励孩子，多引导孩子，切勿急躁。

游戏2：捏豆子

在细微事物敏感期内，孩子大都对小豆子很感兴趣。家长可以给孩子提供黄豆、绿豆、黑豆等，给孩子创造捏豆子、抓豆子的机会。一开始孩子可能会"一把"抓住豆子，到后来会向"三指"抓豆子过度，这是孩子手部功能走向精细化的重要过程。需要注意的是，孩子捏豆子的时候，家长一定要认真陪着，以防孩子把豆子塞进嘴里，造成危险。

游戏3：装豆子

相比于捏豆子，装豆子的难度会大一点儿，这是训练孩子手指灵活性的有效方法。最初，家长可以让孩子把豆子装进杯子，待孩子能够熟练完成这个动作后，再让孩子把豆子往更小的容器里装，比如，往矿泉水瓶中装。如果孩子不会装豆子或对装豆子不感兴趣，家长可以先给孩子演示一下装豆子的全过程，使之发出声响，引起孩子的兴趣。

当孩子能够熟练地把豆子装进瓶子里后，家长还可以引导孩子从瓶中取出豆子。一开始，可以让孩子自己去探索，如果孩子无法从瓶中取出豆子，家长再示范将豆子从瓶子中倒出。家长与孩子一同游戏，游戏后和孩子一起将豆子、瓶子等玩具收起来。

游戏4：串彩珠

用一根较硬的细线（类似于较粗的鱼线）把一颗颗彩珠串起来，

这个过程可以训练孩子的手眼协调能力，发展其小肌肉群的精细动作。具体玩法是，从市场上购买彩珠和细线，家长先给孩子做示范，一边穿彩珠一边说："小小珠子圆又圆，上面开个小洞眼，我拿细绳往前钻。"当孩子把彩珠串好后，家长可以将其做成项圈或手链，戴在孩子的脖子上、手腕上。孩子看到彩珠挂在脖子上、戴在手腕上时，他会收获满满的成就感。

动手敏感期（3～4岁）：
陪孩子一起剪、贴、涂、折等

典型案例

文熙上幼儿园没多久，一天下午放学回家，她对妈妈说："妈妈，你会折'东西南北'吗？"

妈妈说："会呀，但是你可以先告诉我，为什么你突然想折'东西南北'吗？"

文熙告诉妈妈："是老师教的，但我没有记住。"

于是，妈妈一个步骤一个步骤地教文熙，这次文熙很快就学会了。第二天，她把折好的"东西南北"带给老师看，还得到了老师的夸奖呢！

后来每天上完课后，文熙都会选择在美工区折纸，并且每次都是折"东西南北"，而且每次折完后先给老师看，还带回家给爸爸妈妈看，大家发现她折得越来越好了。

文熙在练习折"东西南北"一段时间后，妈妈开始教她折小衣服，由于步骤与折"东西南北"有很多相同的地方，所以她学得特别快。学会之后，她就独自练习，一天能折十多个，这让爸爸妈妈非常惊讶。

孩子3岁之后，开始喜欢使用剪刀、贴各种小粘贴、折各种折纸、在空白处乱涂乱画等，家里的墙壁上、凳子上、沙发上、茶几上，到处被他们贴得乱七八糟，或是被涂画得脏兮兮的。很多家长不理解孩子这种行为背后的心理，其实这正是孩子进入动手敏感期的表现。

概念和表现

动手敏感期是指孩子在3～4岁这一阶段，开始有意识地使用工具进行剪、贴、涂、折等行为的特殊时期。剪、贴、涂、折这些行为的过程也是锻炼孩子小手肌肉力量和手眼协调能力的重要过程。在这个过程中，孩子会因专注而安静下来，因此这也是培养孩子注意力的最好时机。

著名教育家苏霍姆林斯基说过："儿童的智慧在手指头上。"这是因为手指运动中枢在大脑皮层中所占的区域最广泛，所以手的动作尤其是手指的动作越复杂、越精巧、越娴熟，就越能在大脑皮层建立更多的神经联系，从而让大脑变得更聪明。

深度解析

动手敏感期不仅是培养孩子小手肌肉力量、手眼协调能力和注意力的关键时期，也是发展孩子审美能力和艺术潜能的关键期。在动手敏感期内对孩子进行有针对性的训练，还能帮孩子学习不同颜色、形状以及关于色彩搭配和图案的组成。家长若能对孩子加以引导，还能帮孩子感受到变换和创造带来的乐趣，从而激发孩子的创造力和想象力。可以说，在动手敏感期内发展孩子的智力和能力将会事半功倍。

方法指导

1.借助剪纸工具培养孩子剪纸的爱好

在动手敏感期内，孩子最常见的活动之一就是剪纸。孩子从刚开始手的使用，到手功能的逐渐完善，再到最后的剪纸，慢慢变成了一种艺术创作。这期间，家长需要顺应孩子的天性，给孩子准备各种剪纸工具、材料、剪纸图案，让孩子从练习剪纸条开始，到练习剪波纹线、圆形、方形、多边形等，再练习剪各种彩绘和画报上的图片。在此基础上，家长还可以引导孩子使用彩笔、彩纸、胶水，对剪纸作品进行创造性地粘贴、配色、涂色，从而培养孩子的想象力、创造力。

在教孩子剪纸之前，家长先要教孩子正确地使用剪刀，通过给孩子耐心地示范，让孩子学会剪各种不同的造型。家长可以让孩子先尝试把纸剪开，然后演示对折后的纸剪开是什么造型，让孩子继续尝试，从而锻炼孩子对造型的认知和对工具的掌握能力。

需要注意的是，剪纸用的剪刀要选用儿童专用的剪刀，剪刀前端最好是弧形的，不能有锋利的尖，而且不能让孩子使用裁纸刀，因为裁纸刀太锋利，稍有不慎，就可能伤到孩子。如果需要裁纸，家长应该先帮孩子把纸裁好。

2.给孩子准备涂鸦的画笔、画板或画纸

在动手敏感期内，孩子另一个常见的活动是涂鸦。为了充分满足孩子的这一兴趣，家长需要给孩子准备涂鸦用的画笔、画板或画纸，让孩子有机会随心所欲地涂画，以发展孩子的小肌肉群、手眼协调能力、手指的灵活性和对色彩、涂画的兴趣。

家长可以和孩子各选一只画笔，把其余的画笔先收起来。让孩子根据家长的示范，在画纸上做点画、画线条、画弧线、画圈圈等。如果孩子不想画，家长可以画给孩子看，并适时描述所画的东西，比如，画一些短斜线，并说："你觉得这是什么呢？像不像下雨的样子？"以激发孩子涂画的兴趣。

涂画的过程中，家长可以适当关注孩子的握笔姿势，最初可以教孩子用全手掌握住笔，并扶住孩子的手在纸上作画。待孩子的手指力量逐渐增强后再放开手，让孩子自己握笔在纸上或画板上随意涂涂点点。

3.欣赏并鼓励孩子大胆地去创作

在孩子刚开始剪纸、做手工、贴小粘贴时，也许他完成得并不好看，剪纸不工整、手工不规范；但家长要学会欣赏孩子的作品，从完成的作品中看到孩子的进步，肯定他的努力、鼓励他继续练习，让他获得成就感，从而使他专注地投入手工制作中去。

事实上，孩子的作品是否符合成人的审美不重要，重要的是孩子在完成作品的过程中不断地动手、思考，孩子通过手工作品把自己的想法表达出来，既锻炼了手眼协调能力、手脑配合能力和手部精细活动能力，又促进了孩子的想象力和创造力的发展。

4.利用游戏锻炼孩子的动手能力

锻炼孩子的动手能力方法有多种，下面推荐几种小游戏，让家长更好地帮助孩子锻炼动手能力。

游戏1：打电话

道具：两部玩具电话

玩法：家长和孩子一起做"打电话"的游戏。家长先假装按电话号码，让孩子也来按电话号码，家长模仿电话铃声，之后家长和孩子通电话，进行简单的对话。

目的：发展孩子的手指力量、手的精细动作以及手眼协调能力。

游戏2：舀东西

道具：勺子、盆子、若干个塑料球（用纸揉成纸团、弹珠、豆子都可以作为替代品）

玩法：把塑料球放在小盆里，孩子坐在小盆旁边。家长先示范用勺子来舀塑料球，然后把勺子递给孩子，引导孩子用勺子从小盆里舀塑料球，舀起再倒回盆里。等到孩子动作熟练后，可以和孩子进行舀塑料球比赛。

目的：发展孩子手的精细动作，让孩子学习使用勺子，帮孩子更好地独立吃饭。

游戏3：大气球

道具：画笔、画纸若干

玩法：家长和孩子先玩一会儿气球，引起孩子的兴趣。然后家长在画纸上画一个圆球，请孩子给圆球画上线。如果孩子不会画气球线，家长可以手把手地教孩子。同时，家长可以有意识地在孩子面前用画笔在白纸上画画，边画边向孩子介绍画的是什么，以激发孩子画画的兴趣。

目的：启发孩子涂鸦、画画的兴趣，发展孩子手的活动能力。

第3章

语言敏感期：
多陪孩子说说话

//

　　细心的家长会发现，孩子到了一定的年龄就特别喜欢说话，整天围在大人身边叽叽喳喳，俨然一个"小话痨"。其实，这是孩子进入语言敏感期的表现，这一时期是孩子语言能力发展的关键期。作为家长，要珍惜孩子说的每一句话，切莫对孩子的话感到不耐烦，也不要敷衍孩子的问题。相反，还应该多陪孩子说话，引导孩子思考和表达，抓住孩子语言发展的大好时机。

牙牙学语敏感期（1.5~2.5岁）：
多陪孩子说说话

典型案例

甜心1岁半的时候，已经能够清楚地喊出"爸爸""妈妈"，还能和大人进行简单的对话，如肚子饿的时候，会说"吃饭""喝奶"等。想玩玩具的时候，会说"车车""娃娃"。对于甜心来说，流利地说出一句较长的话还是有难度的，她只能嗯嗯啊啊地说出一些词语，每次妈妈都觉得好笑，然后根据自己的猜测，复述甜心想表达的意思。这个办法非常奏效，每次妈妈说出甜心的意思，甜心都会高兴地点头，表示她就是那个意思，这也让妈妈瞬间觉得自己很懂女儿。

学习语言对成年人来说是一件困难的事情，但对于年幼的孩子来说很容易，尤其是学习母语，他们具有得天独厚的语言环境。从出生的时候开始，孩子就开始注视大人说话的嘴型。到了1岁半之后，孩子开始咿咿呀呀地学大人说话，这表明他已经进入牙牙学语的敏感期。

概念和表现

牙牙学语敏感期，是指孩子在1.5岁之后，开始尝试用简单的词汇表达自己，并发出牙牙学语声的关键时期。这一时期一般会持续到孩子2岁半。牙牙学语是孩子学习语言的初级阶段，也是必经阶段。

深度解析

在蒙台梭利的"敏感期"理论中，牙牙学语敏感期是孩子学习语言的关键期。这个阶段的孩子还不会说完整的句子，但是已经开始掌握词汇了，会用一两个词来表达自己的意思，即以词带句。这时期孩子还会用手势、表情辅助语言来表达需求，或学动物叫代替动物名。

这个阶段的孩子开始尝试把不同的词和具体的事物区分开。1岁半的孩子能够听懂短小的故事，而当他们不再依靠模仿成人就能说出有意义的词语时，就代表孩子的口语能力真正诞生了。

这个阶段是孩子语言发育的飞跃期，又叫称呼期，孩子开始知道"物各有名"，并喜欢问其名称，如"妈妈，那是什么""爸爸，这是什么"等。随之而来的是字词量的迅速增加，因此可以说简单句组成的复合句，如"妈妈吃饭，宝宝也吃饭"等，从而开始进入语言的爆发期，语言的理解与表达能力均有飞跃性的发展。

方法指导

牙牙学语敏感期是孩子语言潜力的爆发期，在这个阶段，家长要多陪孩子说话、讲故事，加强孩子表达能力的训练。具体来说，可以参考以下几种方法：

1. 创造丰富的语言环境

在牙牙学语敏感期，家长要设法为孩子创造丰富的语言环境，对孩子进行不断的语言输入，并建立正常的对话模式。

（1）主动告诉孩子所见到、所做的事情

在日常生活中，可以经常告诉孩子："宝宝，这个东西叫扫把，是用来打扫卫生的。""我正在洗你的胳膊。""我要帮你穿上裤子，把你的双脚伸过来。"对孩子所做的事情，也要同步向孩子描述，比如，"你玩的这个游戏名叫'扔球球'"。就算孩子还无法用语言来回应，也需要停顿一下，让孩子有机会思考你的话，有机会用非语言信息来做出反应。

（2）经常带孩子走出家门，认识新事物

研究结果表明，在牙牙学语敏感期，如果孩子很少接触外界事物，或家长因性格原因，或平时忙于工作，很少带孩子接触别人、接触新事物，这样的孩子往往就会性格压抑，表达能力差，见到生人就害羞，不敢表达自己的意愿和想法，甚至连开口说话的勇气都没有。

为了避免这种情况发生，建议家长经常抽时间陪孩子说话，带孩子去亲戚朋友家串门，或到大自然中转转，或带孩子参加有趣的社交活动，让丰富多彩的活动为孩子提供语言学习的天然环境。

（3）每天都和孩子聊天，且要坚持不懈

每天以孩子的口吻去和孩子聊天，保证读音准确，孩子有了正确的参照物，就会学习得更快。而且最好能够定时定点与孩子聊天，时间不必太长，5分钟足矣，因为1岁半到2岁半的孩子注意力不会集中很长时间。在聊天的时候，家长语气要温和，语速要平缓，这样孩子的情绪也会更温和，更容易吸收。

2.保持语言的统一性

语言的统一性包括两个方面：一是语言环境过于复杂，表现为在有些家庭，爸爸妈妈、爷爷奶奶、保姆来自不同的地域，有各自的方言，不同的家庭成员用不同的语言跟孩子讲话，会使孩子的语言模仿产生混乱和困惑，不利于孩子语言能力的发展。因此，建议家庭成员统一用普通话和孩子说话。

二是家长在给孩子介绍物品、告诉孩子某个东西的称呼时，要保持统一，不要今天告诉孩子"这是杯子"，明天又跟孩子说"这是玻璃杯"，后天再跟孩子说"这是茶杯"。而且和孩子相处的其他人，对同一件物品的命名也尽量保持统一。这样便于孩子记住物品的名称，有利于孩子准确地掌握更多词汇。

3.相互模仿，不断重复

1岁半到2岁半的孩子，记忆力是有限的。想让孩子长时间记住家长介绍的事物，且记忆深刻，家长就需要跟孩子相互模仿，不断重复。

（1）模仿孩子，不断重复

当孩子咿呀学语、自言自语时，家长可以用"模仿"的策略来回应他。孩子听到家长模仿他的发音，知道大人正在关注他，并对他的发音感兴趣，就很可能激发他再一次表达。需要注意的是，如果孩子把"苹果"说成"苹朵"，把"吃饭"说成"七饭"，家长切莫觉得孩子发音搞笑，而模仿孩子错误的发音。因为这样会使孩子误认为自己的发音是正确的，一旦这种发音定型了就很难纠正了。正确的做法是，用正确的发音回应孩子错误的发音。

（2）嘲笑孩子错误的发音

有些家长见孩子发音错误，就嘲笑孩子，让孩子产生不适感或压力，这也是不利于孩子语言发展的。建议家长多鼓励和赞美孩子，增强孩子的信心，并给孩子正确的发音示范。

（3）在特定的时间和特定的环境下，和孩子不断重复某些词语，让孩子产生联想记忆，从而使记忆更加深刻。必要时，还可以加上特定的手势，提起孩子跟着说话的兴趣。

4.善于借助绘本和故事

1岁半到2岁半的孩子，只是跟他聊天，可能会有点空洞、单一。这个阶段，孩子有了一定的思维能力和想象力，家长可以为孩子读情节简单的图画书、绘本故事，帮孩子扩大词汇量，发展孩子的语言能力。比如，选择图片和文字相搭配的绘本，颜色最好鲜艳、亮丽，这样有利于孩子记忆，也会提高孩子的兴趣。

需要注意的是，每次学习的内容不宜过多，一般10分钟就可以了，内容在5个词语左右比较合适。另外，周围不要摆放糖果、玩具之类的物品，也不要开着电视，放着动画片，以免分散孩子的注意力。

语言模仿敏感期（2~4岁）：
帮孩子养成良好的语言习惯

典型案例

（一）

吴女士感冒了，她带着3岁半的儿子浩浩去楼下的药店买药，药师嘱咐吴女士说："这种药一天吃3次，每次吃两片。"结果浩浩马上跟着说："一天吃3次，每次吃两片。"药师听后笑了笑，直夸他聪明。

可没想到，之后药师每说的一句话，浩浩都会跟着重复一次，药师哭笑不得地问他："小朋友，你为什么总是学我说话呢？"浩浩没有回答，只是不好意思地笑了，而且还把这句话重复了一次。

（二）

安安的妈妈平时说话喜欢运用成语，4岁的安安受到潜移默化的影响，也爱运用成语。

一个周末的早上，爸爸妈妈说要带安安去游乐场玩。所以，吃早餐的时候，安安吃得飞快，大口大口地喝稀饭，吃馒头，妈妈说："不着急，慢点儿吃，别噎着了。"安安却摇头说："妈妈，我在囫囵吞枣。"

到了游乐场，看到很多人，安安又感慨道："真是人山人海啊！"

玩到快中午的时候，安安肚子饿了，妈妈给了她一块面包，她又笑着说："真是美味佳肴呀！"

当孩子能够表达之后，会在不经意间重复大人说的话，这种行为预示着孩子进入语言敏感期的模仿期，即语言模仿敏感期。

概念和表现

语言模仿敏感期，指的是孩子2～4岁会模仿大人说话的特殊时期。我们知道，孩子最早的语言都是从模仿开始的。最早的模仿内容也许是妈妈说过的一个字，也许是爸爸说过的一个词；但随着时间的推移，孩子模仿的字词句会越来越多，哪怕成语也能够模仿和熟练地运用，就像上面案例中的安安一样。

对于孩子模仿大人话语的行为，其实家长不必介意。因为这与孩子是否懂礼貌没有关系，并不意味着对他人的冒犯。这只能说明孩子对所模仿的话感兴趣，在模仿中，孩子能够获得快乐。比如，听见爸爸和别人聊天，他会重复自认为好玩的句子；陪妈妈出门，妈妈跟熟人打招呼，他也会很自然地模仿一下。尽管很多时候，他并不理解那些话的真正含义，但他依然饶有兴趣。

深度解析

模仿是语言和智力发展的重要阶段，美国心理学家杰罗姆·凯根说过："对于孩子，模仿是一种获得愉悦、力量、财富或者其他目标的自我意识的一种尝试。"在语言敏感期，如果家长强行阻止孩子的模仿，就会妨碍其语言和智力的正常发展。

在2~4岁的语言模仿敏感期，孩子除了模仿大人说话，还会模仿大人的动作、语气、表情，甚至会模拟生活场景和大人的日常行为，如扫地、梳头等。3岁孩子的模仿开始颇具想象力，他会把鞋子当作小汽车，把铅笔想象成电线杆。

方法指导

那么，怎样利用语言模仿敏感期，引导孩子通过模仿来提高语言表达能力呢？下面几点建议可以供大家参考：

1.用正确的语言习惯影响孩子

在语言模仿敏感期，孩子的模仿能力超强，这要求家长在日常生活中格外注意自己的语言习惯，努力给孩子一个好的示范。

（1）注意说话的逻辑和措辞

日常生活中，家长说话时要注意逻辑性，条理要清晰，用词要准确。这样孩子才能模仿正确的语言，将来用词造句、表情达意也会更准确。就像案例中的安安一样，由于妈妈平时说话喜欢用成语，安安通过模仿也会用很多成语。

（2）文明用语，正面示范

在语言模仿敏感期，孩子模仿的话语可谓五花八门。无论是礼貌的话语，还是骂人的脏话，孩子都可能会模仿，甚至会乐此不疲。礼貌的话语无论孩子怎么模仿，家长都没有意见，可是如果孩子模仿说一些脏话，家长不会充耳不闻。有些家长会严厉地斥责孩子，阻止孩子去模仿说脏话，这样做其实效果并不好。

其实，对待孩子模仿说脏话这一行为，首先家长要用平常心看待。因为在孩子的意识里，他们只是认为那句话说出来很有意思，完全是在单纯地模仿，并不知道那句话的真正含义。所以，不用感到惊慌，不用刻意阻止孩子模仿说脏话。这样不去强调脏话，一旦孩子失去对这些脏话的新鲜感，自然就不会说了。

其次，家长应该找到脏话的来源，想一想是谁说了脏话被孩子模仿了。如果大人平时有说脏话的情况，那么在日常生活中就有必要注意文明用语，不要说脏话。当然，家长最应该做的是用文明用语说话，给孩子正面示范。这才是纠正孩子说脏话的最佳策略。

（3）不要过多使用"儿语"

在这里需要特别提醒家长们一点，不要过多使用"儿语"，因为过多地使用"儿语"不利于孩子语言表达的精确度，甚至让孩子的语言发展停滞不前。比如，要跟孩子说"吃饭"，而不要说"吃饭饭"；

提醒孩子睡觉时要说"该睡觉了"，而不要说"该睡觉觉了"。

（4）不要批评或嘲笑孩子

在有些家庭，当孩子模仿学说话时，出现发音不准、发音错误或反复教孩子都不感兴趣、不愿开口的现象，家长会很生气，甚至严厉地批评孩子。这样做很容易让孩子对模仿学说话产生极大的压力，并在内心排斥模仿这件事。

还有一些家长见孩子发音不准、发音错误，就会嘲笑孩子，这会在不经意间伤害孩子的自尊心和自信心。正确的做法是，用标准的语言纠正孩子不正确的发音，多鼓励、多肯定孩子的语言模仿，激发孩子的自信心和模仿的兴趣。

2.对孩子进行有针对性的语言训练

语言模仿敏感期是孩子学习说话的关键期，家长应该抓住这个时机，多对孩子进行语言训练，帮孩子学习语言的运用，帮孩子养成正确的语言习惯。比如，家长可以经常教孩子一些新句子，尤其是一些带有象声词的儿歌，比如"小鸭子唱歌——嘎嘎嘎""小羊叫唤——咩咩咩""爷爷打电话——喂喂喂"……这样的话语会让孩子觉得特别有意思，模仿起来会更积极。

家长还可以给孩子读简短的故事，妈妈读一句，孩子跟一句。记住，每句话不宜过长，以确保孩子能够模仿。或者给孩子播放欢快的儿歌，让孩子多听歌曲，孩子听得多了，就会在脑海中汇总形成记忆，同时也会丰富孩子的词汇量。最后，孩子自然而然会跟着哼唱，直至熟练地歌唱。

3.学会提问，引导孩子大胆表达

为了提高孩子的语言表达能力，家长可以在日常生活中巧用提问，引导孩子开动脑筋去思考，张开嘴巴去表达。比如，孩子想买一个布娃娃，家长可以问他："你为什么喜欢布娃娃呀？喜不喜欢小猪佩奇呢？"或者当孩子问家长问题时，如"为什么秋天树叶会掉落？"家长可以不直接告诉孩子答案，而是反问孩子："你觉得为什么呢？"在家长与孩子一问一答的过程中，孩子就会积极思考问题并表达自己的想法，这个过程可以提高孩子的语言表达能力。

4.多带孩子走出去与同龄人交往

为了锻炼孩子的语言表达能力，特别是面对陌生人表达的勇气，家长可以多带孩子走出去与人交往，如带孩子去游乐场，让孩子和其他小朋友一起玩。在玩的过程中，孩子就会和同龄孩子交流。或带孩子参加一些早教机构举办的培训，学习一些趣味课程，增加孩子的见闻。在这些实践中，孩子表达的胆量会越来越大，语言表达水平也会逐渐提高。

自我语言敏感期（3～4岁）：
不要打扰孩子自言自语

典型案例

（一）

周女士说，有一次她和丈夫带着4岁的儿子去4S店看车，当时人不多。4S店里也没有其他小孩儿，儿子独自在儿童活动区玩。起初，她担心儿子一个人会觉得没意思，但她没想到儿子马上进入了"角色"。无论是在滑梯上玩，还是爬树洞，包括在蹦蹦床上跳跃，他都会和自己"对话"，他甚至把自己想象中的角色分配给活动区里的设施和玩具，并对它们"发号施令"。看着儿子玩得很开心，周女士和丈夫也很欣慰。

（二）

有一次玲玲去闺密家串门，当时闺密的女儿3岁7个月大，只见小姑娘时不时跟她妈妈说悄悄话，看得出来，她对"悄悄话"特别痴迷，并且每次说完悄悄话后，都会特别兴奋。等小姑娘走开后，玲玲问闺密："你宝贝女儿的悄悄话真多啊，她到底跟你说了什么秘密呢？"闺密说："哪有什么秘密啊，小家伙说她刚才发现窗外的树上有只小鸟，还说小鸟在发呆……"这些"悄悄话"其实就是正常的话，根本没有"秘密"可言。

细心的家长会发现，孩子在3～4岁之间会特别迷恋和自己说话，即旁若无人地自说自话，就算没有人理睬他们，他们也会乐此不疲。看到这种情况时，很多家长的第一感觉是"这孩子真是小话痨，嘴巴一刻也停不下来"。其实，这是孩子进入自我语言敏感期的表现。

概念和表现

自我语言敏感期，指的是孩子在3～4岁这一阶段喜欢自言自语、喜欢说悄悄话的特殊时期。在自我语言敏感期，孩子经常叽叽喳喳地说一些家长听不懂的"外星语"，其实他们是在模仿父母跟自己对话，或跟玩具对话。比如，孩子会用父母平时跟自己说话的语气和自己对话，"你怎么还在看电视呢？你都看了一个小时了，眼睛不难受吗？赶紧把电视关了。"

再比如，孩子玩玩具的时候，可能会把自己带入某个动画片中的情境，把玩具幻想成动画片里的某个角色，于是不断地跟玩具对话。孩子会觉得所有的玩具都是活的，不管面对什么，都会快乐地和他们交谈，而且看起来很认真。有时候孩子还会把心里话讲给玩具听，这就是小孩子为什么喜欢和玩具玩过家家的原因了。

深度解析

孩子在自我语言敏感期除了喜欢自言自语，还喜欢说"悄悄话"。他们经常会把嘴巴凑到大人的耳旁，悄声说着一些神秘的事情，虽然大人有时候根本听不懂，但他们说完很满足地跑开。特别是一群同龄的孩子在一起，就更容易说悄悄话了。他们有可能说的是一些小秘密，也可能是一些乱七八糟的话，总之他们沉寂在其中，乐此不疲。

自我语言敏感期对孩子语言的发展来说是很关键的一个时期，家长千万别对孩子自言自语和说悄悄话感到厌烦，表现出嫌弃，认为孩子的行为幼稚可笑，甚至斥责孩子。因为这样不仅会影响孩子语言表达能力的发展，还会对孩子的身心健康造成伤害。正确的做法是，抓住这个敏感期，配合好孩子，多去引导孩子，培养孩子的语言表达能力，让他勇于说出自己内心的想法。

方法指导

那么，家长应该怎样把握孩子的自我语言敏感期，给孩子正确的引导呢？

1.思想上要高度重视

自我语言敏感期对孩子将来的语言表达能力、身心健康发展都有深远的影响，因此父母一定要在思想上高度重视这一敏感期。对于孩子如叽叽喳喳的小鸟一般的自说自话，家长切莫表现出不耐烦，觉得孩子话痨、事多、太吵，而要理解孩子这一阶段的心理，包容孩子的话多，欣赏孩子的话多，好好地配合孩子走过这个阶段就好了。

2. 不要打扰孩子自言自语

当孩子沉浸于自言自语的快乐中时，家长最好不要去打扰孩子，不要问孩子："你在说什么呢？可以跟妈妈说吗？""吃饭了，宝贝！""你在说什么乱七八糟的？"尽量让孩子不受干扰地把想说的话通过自言自语的方式说完，这个过程是锻炼孩子表达能力的好机会。当孩子说完了想说的，他自然会从那个对话的情境中走出来。

3. 耐心倾听孩子的悄悄话

悄悄话是父母和孩子增进感情的一种交流方式，也是自我语言敏感期的孩子独特的语言表达方式。当孩子神秘地趴在你的耳边嘀咕着什么的时候，你一定要做出认真倾听的姿态和表情，甚至可以故作惊讶，好像获得了意外惊喜一样。

当孩子问你"妈妈，你听见我说什么了吗"时，你可以笑着点点头，表示听见了。如果没听见，你可以让孩子稍微大一点儿声，鼓励他再说一次。有时，孩子说悄悄话只是嘴巴在动，并没有发出声音。这时，你可以凭借当时的情景揣测孩子的意思。

需要注意的是，3～4岁的孩子语言表达能力有限，而且个体之间存在较大的差异，你的孩子可能只会说一些短句子、词组，甚至你并不明白孩子在说什么，但这时请不要嫌孩子烦，要耐心地和孩子交流，弄懂孩子的意思。

4.别让耳语成为表达习惯

对于孩子爱说悄悄话的行为家长一方面要尊重，要保护孩子跟你说的悄悄话，尤其是一些"秘密"，不要随便公开，小心伤了孩子脆弱的心。当然，家长也要预防孩子养成耳语的表达习惯。对于一些正常的表达内容，家长可以鼓励孩子："宝贝，这些话还可以告诉爸爸、奶奶，他们也很想与你分享，要不你直接说给大家听吧？"当然，如果孩子不同意公开说出来，那也不用勉强。

另外，有些孩子说悄悄话是一种防备心理的表现，这类孩子往往不敢在众人面前讲话，而是寻找可以信任的人悄悄地说。如果你的孩子也有这种情况，那么你一定要重视起来，找到孩子胆小的原因，反省一下是不是自己平时对孩子太凶了，或太严肃了。然后试着给孩子营造一个安全的心理氛围，鼓励孩子大胆地表达自己。当孩子有进步时，要及时予以肯定，强化孩子的自信心。

5.有针对性地给孩子做科普启蒙

在自我语言敏感期，家长可以有针对性地对孩子提出一些问题，给孩子做一些最基本的科普启蒙，这样不仅有利于孩子的语言能力发展，还有助于孩子学会思考，对他的智力开发和今后各方面的成长都有帮助。比如，陪孩子阅读科学常识绘本，引导孩子看图，给孩子朗读文字等。阅读的过程中，还可以针对孩子的提问进行适当的引导式发问，再进行细致的讲解。这样便于孩子更好地理解科普知识，也会让孩子记忆更深刻。

诅咒敏感期（3~5岁）：
淡化孩子的诅咒行为

典型案例

佳佳3岁以后，时不时就会冒出一些很"粗鲁"的话，比如"滚""臭屁""大笨蛋"……有时候她自言自语地说，好像是在享受语言本身的乐趣，有时候她还会进行一些创作，比如说"汽车大便""飞机臭屁"。

佳佳还会和小朋友共享这种快乐。有一天，妈妈接她放学回家，路上遇到她的同学湘湘，两个人一起有说有笑，不知是谁先说了句"打死你"，另一个非但没生气，还哈哈大笑，也跟着重复"打死你"。两个人就这样你一句，我一句，一路笑得前仰后合。

佳佳4岁以后，大人发现她在生气的时候喜欢说脏话。最初的版本是"你这个大笨蛋""你这个大臭屁"。当大人没有满足她的愿望时，她就会说狠话："信不信我把你打扁。"再后来，她的狠话有更多的创新，比如，"我要把你撕碎！""我要把你扔进臭水坑！"

有一次，佳佳很想玩爸爸的手机，结果被爸爸拒绝了。佳佳很生气地对爸爸说出一连串的狠话："信不信我把你扔到海里喂鲨鱼？……就算不被鲨鱼吃掉，也让你在海里一直上不来，吃饭在海里，睡觉也在海里……"这一串狠话语气很重，带有浓烈的诅咒意味，可是内容却让爸爸忍不住想要发笑，这哪是狠话，分明就是在搞笑。

"大坏蛋""臭妈妈""坏爸爸""我打死你"……当这些粗暴的话语从三五岁孩子的嘴里冒出来时，作为家长的你，是不是感到很震惊呢？是否会觉得孩子没大没小，没有教养，顿时很想给孩子上一堂文明礼貌课呢？可你想过，为什么三四岁的孩子喜欢说"笨蛋""臭屁""打死你"之类的脏话、狠话吗？为什么他们说这些话的时候，还会笑得前仰后合？孩子说这些话的时候到底是出于怎样的一种心理？其实，当孩子出现这种语言现象时，说明他开始进入了诅咒敏感期。家长们不用担心，一旦过了这个阶段，孩子的语言表达就会恢复正常。

概念和表现

孩子在语言学习初期（一般在3岁左右），在听到一些脏话或带有诅咒意味的话语后，喜欢模仿、使用，而且这些话越是被制止，孩子越喜欢，这一时期在儿童心理学上被称为诅咒敏感期，它通常会从

3岁持续到5岁。这是孩子语言发展过程中的一个特殊时期。

语言是用来传递信息，表达意思的工具，它本身是有力量的，尤其是那些能够像利剑一样刺伤别人的话语，更容易激起人们的反应。当孩子发现这一点后，就会乐此不疲地使用这种语言来试探它的力量，同时观察别人的反应。

在诅咒敏感期内，孩子会对"脏话""狠话"感兴趣，如"我要打死你""我要把你的头砍下来"等类似的话语。这其实是孩子语言能力发展过程中的一种正常现象，但大部分家长都怕孩子说"脏话"、说"狠话"，每每听到就会反应强烈，视其为洪水猛兽。然而，这在孩子看来，恰恰是他们的语言发挥出来的力量，他们会对语言产生新的认知——原来说话也能引起关注。因此，他们会觉得很有意思，从而会更加关注、更加喜欢使用这类词语。

深度解析

在诅咒敏感期内，孩子喜欢用带有诅咒、攻击性的词语来表达自己的情绪或开玩笑，并乐此不疲，他们丝毫不会觉得"脏"或"不雅"，因为他们并不像成人想象的那样，是想通过这种词语去辱骂他人。他们之所以喜欢使用这些词语，是因为他们发现了这些词语的力量——让大人们紧张，让小朋友们效仿，甚至可以通过这些词语让自己占据某种心理优势。

比如，在与小朋友交往的过程中，孩子恶狠狠地对小朋友说"你这个小屁孩""你真是个大笨蛋""我要打死你"之类的话，然后看着小朋友紧张、退缩的样子，他会获得一种满足感、征服感。再比如，当孩子对家长说出诅咒的话语时，家长反应很激烈，常常大吼大叫，孩子会觉得很好玩，会觉得父母是在被自己牵着鼻子走。当孩子发现这种诅咒语言的力量后，他反而会更加随心所欲地使用。

如果家长不理解处于诅咒敏感期的孩子的心理，然后给予了孩子不合适的回应，那么可能会给孩子带来以下问题：

首先，训斥会使孩子对诅咒语言"上瘾"。因为当父母对孩子的粗俗语言大惊小怪、反应过激时，孩子会觉得这些语言是有效的，从而继续使用，甚至形成习惯。

其次，责备会使孩子的情绪"堵塞"。当孩子产生负面情绪而说狠话时，如果父母责备孩子，孩子会感到自己的情绪没有被接纳，会造成他情绪压抑、堵塞。长此以往，会影响孩子的心理健康。

再者，乱贴标签会伤害孩子的自尊。如果父母给孩子说狠话、说脏话的行为贴上"没礼貌""没教养"的标签，将会严重影响孩子的自我认知，使孩子产生挫败感，甚至会打击孩子的自信心，影响孩子自尊心的发展。

那么，我们该怎样对待孩子说"脏话"、说"狠话"的行为，从而陪孩子顺利度过诅咒敏感期呢？

方法指导

1.尽量冷处理，而不要反应过激

想帮孩子顺利度过诅咒敏感期，最好的办法是对孩子说"脏

话""狠话"的行为采取冷处理的方式，而不要反应过激。即当孩子说"脏话""狠话"时不闻不问、不作回应，或表现出"你这样说话一点也不好玩儿"的意思。当孩子发现这些语言不起作用时，慢慢就会对它们失去兴趣，自然也就不再说了。

2. 寻找孩子"诅咒"语言的源头

孩子说出不雅的、骂人的粗俗话语，绝不是凭空创造出来的，而应该有一个模仿的源头。这个源头也许是家长，也许是电视节目，也许是其他小朋友。因此，家长首先要自我反省，检查自己是否在家里、在孩子面前说过脏话、粗话。

4岁的浩浩很调皮，之前妈妈总说他是"小混蛋"，结果一段时间后，妈妈发现只要她做的事情不如浩浩的意，浩浩就会生气地大声嚷嚷"大混蛋""混蛋妈妈"。妈妈每次听到这些词语，都会紧皱眉头，一脸不悦。可浩浩似乎没有任何收敛，反而说得更起劲儿了，什么"臭妈妈""坏妈妈"之类的话也接连不断地冒出来。而且，妈妈越生气，浩浩说得越起劲。

在这个例子中，妈妈无形中就充当了儿子模仿的对象。所以，家长要切断诅咒语言的源头，减少孩子模仿的机会。另外，那些不适合孩子看的电视节目少让孩子看，同时让孩子少和那些喜欢说脏话的小朋友接触，多和懂礼貌的孩子交往。

3. 试着用正面的语言去回应孩子

当孩子说出"臭妈妈""坏爸爸"时，你可以回应他一句："不是臭妈妈，是香妈妈，像你一样香。""不是坏爸爸，是好爸爸，像你一样好。"这样可以将孩子的注意力从诅咒的话语上转移到正面的话语上。孩子的模仿能力很强，用不了多久，孩子就会模仿你说正面的语言，从而改掉爱说诅咒话语的习惯。

4.接纳孩子狠话背后的负面情绪

当孩子被忽视时，也特别喜欢用这样"刺激性"的词语来表达自己的情绪，从而说出"脏话""狠话"。例如，在《妈妈是超人3》中，有这样一期节目：

霍思燕家里来了两位小客人，她非常热情地照顾他们，这让自己的儿子嗯哼感到被忽视了。嗯哼感到失落，于是性情大变，对妈妈霍思燕放出"狠话"："我不想跟你说话了！""以后你让我干什么我也不干了！""圣诞节的时候我也不给你送礼物了！"

其实，孩子说出这些"狠话"的时候，正是他内心脆弱的时候，他内心的独白是"没有人关注我的情绪，我心情很不好，我需要人来安慰我"。这个时候，你要有良好的心态，不要和孩子计较太多，并且要接纳孩子的负面情绪。你可以这样对孩子说："我知道你现在很生气！""我看到了你很愤怒。"然后陪伴孩子一段时间，允许孩子发泄不良情绪。当他情绪缓解了，他就不会再跟你说狠话了。

5.及时肯定、强化孩子的优秀语言

在日常生活中，当孩子正确使用一些美好的词汇或语句时，家长一定要及时肯定孩子、表扬孩子。这样可以让孩子获得成就感，会让孩子更乐意使用美好的语言，以获得更多肯定、赞美。由此，孩子也会增加学习美好语言的兴趣，家长再利用孩子的这种兴趣对孩子加以引导，加强孩子的语言学习能力。

6.通过讲绘本给孩子找个"出口"

对于处在诅咒敏感期的孩子，如果你能给他更多理解和释放的机会，并通过讲绘本、做游戏的方式，让他感受到快乐，那么他就可以顺利度过诅咒敏感期。比如，《呀！屁股》《我床底下有只会放屁的小怪兽》这类绘本，既有趣又通俗易懂，能够很好地满足诅咒敏感期孩子对"粗俗"语言的喜好。

在给孩子讲绘本的时候，你可以和孩子一起肆无忌惮地说"屁""屁股"这类不雅的词语，让孩子痛快地说，痛快地笑，充分满足孩子说脏话的心理。这样相当于给了孩子一个有趣、又有效的出口，让孩子以一种不伤害他人的方式来享受诅咒语言带来的乐趣。同时，你给孩子的这份陪伴，会让孩子很快乐，很有安全感。通过这种方式，经过一段时间，孩子爱说"脏话""狠话"的"怪癖"就会消失，孩子的诅咒敏感期也会顺利结束。

认字敏感期（4~7岁）：
不妨为孩子准备一些识字卡片

典型案例

5岁的小雨最近对识字很感兴趣，每天放学回家都会告诉妈妈今天在幼儿园学了哪几个字，妈妈很配合地把字写在卡片上，打乱了再让她找出来。带她逛超市时，也会有意识地教她念货架上各种商品包装上的字。即使是常见的"牛奶"两个字也会念给她听，时间长了她就认识了。再后来，妈妈给小雨自主选择权，每次让她自己做主买一样东西，但是必须要认识，还要知道标签上标的价格是多少，这样小雨认字的动力更强了。当然，妈妈此举还顺便消除了小雨撒泼打滚要东西的可能性，可谓一举两得。

有一阵子，小雨特别喜欢收集购物小票，除了自己购物的小票，她在收银台处还把别人不要的购物小票收集起来，拿回家后做角色扮演游戏——她当收银员，爸爸妈妈当顾客，乐此不疲地玩了好几个月，不知不觉她认识了好多字。

很多家长觉得，孩子识字不用着急，等上了小学开始识字也不晚。殊不知，在孩子进入小学之前有一段特殊时期——对认字、识字有浓厚的兴趣，即认字敏感期。如果家长抓住这一时期，给孩子正确的引导，孩子识字就可以取得事半功倍的效果，就像案例中的小雨那样。反之，如果错过了这一时期，等孩子到了小学才开始识字，孩子有可能跟不上其他同学。

"妈妈，我不想上学啦！我的拼音读不好，字不认识，也写不好，全班我最差，我怕老师批评我。"这句话来自一位妈妈在论坛上发布的一个名为《孩子一年级，每天哭着去上学》的帖子，此帖一经发出，短时间内获得了巨大的点击量。

这个例子告诉我们，一定要重视孩子的识字敏感期，引导孩子认字、识字，为进入小学做准备。

概念和表现

识字敏感期，是指孩子在4～7岁，会对一些复杂的或者高级的符号产生兴趣，并能产生复杂的想象和联想的关键期。这一时期孩子对识字会本能地产生迫切的需求，而且由于记忆能力特别出色，识记速度快、数量多、记得牢，识字的过程也特别轻松。因此，这一阶段也被称为"识字敏感期"。

在识字的过程中，孩子能自然而然地获得快乐，这有助于从小培养他们浓厚的学习兴趣和良好的学习习惯。而一旦错过了识字敏感期，孩子再进行识字就要付出更多的努力。如果等到七八岁以后才开始识字，那么孩子将会错过识字的黄金期，也会造成无法弥补的损失。这就是为什么有的小学生用了6年时间识字，识字量还是比较少，而有的孩子在学前用一两年的时间，就能获得巨大的识字量。

当然，引导孩子识字，一定要在孩子感兴趣的基础上进行，不能强迫孩子。不少家长为了让孩子早日识字，会刻意教孩子认字，把识字当成任务，要求孩子每天必须认识几个字，这样做反而会使孩子产生压力和反感情绪，破坏孩子的识字兴趣。我们都知道，毁掉一个人兴趣的最快方式就是把兴趣当任务，一旦兴趣成了任务，人们就会有压力和抵触心理，而兴趣也就会越来越淡。所以，父母既要重视孩子识字这件事，又不能给孩子压力，更不能为了识字而教孩子识字。正确的做法是在孩子感兴趣的基础上，让孩子自然而然地识字。

深度解析

孩子的识字敏感期一般在4～7岁，所以说不必过早地让孩子去识字。然而，现实生活中有些父母急功近利，比如，在孩子3岁前就刻意教孩子识字，其实这并不符合孩子的身心发展规律。因为3岁前，孩子的记忆方式是以图片式的记忆为主，孩子看一个字完全像看画一样，并不会区别字的笔画和结构，也不会理解字的含义。因此，这个阶段教孩子识字只是机械的，效果不会好。

3岁后，孩子的形象思维开始发展起来，这时孩子对字的形状有了初步的认识，能够分辨出不同的字大概有什么不同。经过一年的成长，孩子的抽象思维开始萌芽，并在4岁进入实质性的发展阶段。很多父母发现，孩子进入4岁后突然变得懂事了，其实这正是抽象思维发展的结果。

抽象思维意味着孩子可以通过有形的东西分辨不同事物之间的区别，还能理解事物的深层次含义。之所以要在4岁后重视孩子识字，恰恰是为了充分利用孩子抽象思维能力发展的契机。因为这一阶段，孩子能够理解字的笔画、字的结构、字的含义，父母通过游戏、亲子阅读等方式帮助孩子识字，孩子就能感受到识字的乐趣，从而由无意识地关注字转变为有意识地去识字，为培养孩子的阅读兴趣打下基础。

方法指导

那么，家长应该怎样利用识字敏感期，教孩子识字呢？

1.趁孩子对某个事物感兴趣时教孩子识字

兴趣是最好的老师。当孩子对某个事物产生浓厚的兴趣和好奇心时，其探索欲、记忆力、理解力就会被唤醒和激活，这时家长如果能用恰当的方式向孩子传授知识，往往能收到很好的效果。比如，孩子对某个玩具特别感兴趣，每次买新玩具时就是教他识字的好机会。

有位妈妈给5岁的儿子买了一个玩具汽车，儿子爱不释手。于是妈妈趁孩子高兴之际，先教他认"汽车"这两个字，接着又边讲解边教他认"车轮""油门""刹车"等字词。很快，他就学会了这些字。

2.为孩子准备识字工具——生字卡片

家长可以为孩子准备大小不等的卡片、双面胶、绳子、彩笔等物品，把家里各种物品的名称都写在卡片上，并把卡片贴到相应的物品上，甚至可以在卡片上标注物品的价格。然后和孩子轮流扮演顾客和超市老板的角色，一起玩购物游戏。

家长可以先扮演超市老板，向孩子介绍标有名称的物品，介绍完后，让孩子说出自己的购物需求，如"老板，我想买一把梳子"，然后家长立即递给孩子一把梳子；孩子说"我想买一只杯子"，家长立即递给孩子一只杯子。然后换一下角色，由孩子扮演超市老板，家长扮演顾客，家长提出购物需求，让孩子拿出相应的物品，并说出物品的名称。这样的游戏可以让孩子自然而然地认识相应的字词。

3.和孩子在亲子阅读中认字识字

很多家长会陪孩子阅读故事书，在这个过程中，家长可以通过指读的方式教孩子认字。每个字都有形有音，家长每天带孩子朗读，可以让孩子慢慢将字的音与形结合起来，从而加深记忆、当孩子再看到这个字时，就会相应地认出来，读出它的音。

有位妈妈说，她陪女儿看识字书时，经常指着上面的动物说出动物的名称，指着上面的食物说出食物的名称，并没有刻意地教女儿认字，可是时间长了，女儿居然能认出那些动物和食物的名字。

单纯地教孩子认字效果不一定好，家长可以像上面那位家长一样，陪孩子阅读时有意指着书中的某些字词读给孩子听，也可以利用绘本，将文字和绘本中的图片结合起来，绘声绘色地给孩子朗读、讲解。这样可以让孩子对文字产生一个形象化的认知，更利于记忆。

4.创造识字环境，在生活场景中认字

生活中处处有文字，因此可以随时随地教孩子识字。比如，路过公交车站时，可以教孩子认识站牌上的地名；坐公交车时可以指着车厢内广告上的字，教孩子读字和认字；逛超市的时候，可以教孩子认各种商品的名称，或者当孩子对某个商品感到好奇时，家长可以抓住机会把商品的名称读给孩子听。因为这个时候孩子有强烈的识字意愿，家长不可错过这样的好机会。总之，生活中这些天然的教材，比刻板的识字卡片更能激发孩子的识字兴趣。

无论以什么方式教孩子识字，家长都要给孩子营造一个相对宽松的环境。这样才不会使孩子丧失识字的兴趣，才能使孩子在快乐中学习。

第 4 章

自我意识敏感期：
让孩子分清"你"和"我"

不知家长们是否发现，孩子在两岁左右开始出现不顺从和执拗的行为，其实是孩子自我意识敏感期的突出表现，这一时期孩子非常执着于分清"你""我""他"这种所属权问题，表现得完全以自我为中心。这也是他们个性发展和认识自我的重要时期，是他们认识自己和周围事物关系的重要过程。

自我意识的敏感期（1.5～3岁）：
别和孩子较劲儿

典型案例

（一）

妈妈给宝宝喂饭时，不经意间吃了一口宝宝碗里的饭，宝宝立刻大哭大闹，无论妈妈怎么道歉，怎么安抚宝宝的情绪，宝宝始终不依不饶。后来，妈妈重新给宝宝盛了一碗饭并加入美味的鸡汤，宝宝才慢慢平息了情绪。

（二）

宝宝每天把"不"挂在嘴边，想要的东西如果不被允许，他就会哭喊。逛超市的时候，他想买玩具，妈妈不同意，他就会大哭大闹；该吃饭的时候，妈妈对他说："该吃饭了！"他却说："我才不！"

可实际上，当妈妈给他喂饭时，他会乖乖地吃，只不过他非得嘴上说"不"，妈妈很纳闷：为什么宝宝那么喜欢说"不"呢？

这两个案例是很典型的，大多数家庭都会遇到这样的问题，但很多家长不明白问题背后的原因。比如，案例（一）中的宝宝之所以哭闹，原因是他开始有了物权意识，他认为妈妈抢走了他的食物，他不允许别人触碰自己的东西，对自己的东西表现出强烈的占有欲。在大人看来，这种占有欲显得非常不可理喻，但这是孩子物权意识的萌芽，有利于孩子以后形成正确的物权意识。而案例（二）中的宝宝之所以爱说"不"，是因为他有了自我意识，想摆脱妈妈的控制，尽管他实际上还没有能力掌控自己的一切。这两个案例都是宝宝进入自我意识敏感期的典型表现。

概念和表现

自我意识敏感期，是孩子自我意识开始萌芽的特殊时期，通常出现在孩子1.5～3岁之间，是孩子成长过程中非常重要的一个敏感期。在这一时期，孩子逐渐学会区分"我的"和"你的"，他们占有欲强，不愿意分享；会和家长说"不"，即使行为上配合家长；他们开始反抗父母的安排和干涉；他们喜欢为自己服务，喜欢用自己的方式去尝试过去不会做的事情，甚至会出现打人、咬人等行为。

处于自我意识敏感期的孩子，会表现出强烈的以自我为中心的意识，他们几乎将全部的热情和注意力都集中于自我的建构中。最初，他们会用"打"来表示不同意、不喜欢。这一时期结束后，他们会通过语言来表达"不"，对什么都说"不"，做与不做都说"不"，这是他们最早的分离意识。

在占有、说"不"、打人甚至咬人等种种行为中，孩子可以感受到"我"与他人分离的快乐。渐渐地，孩子的"自我意识"会表现得更充分——从排除他物到坚持自己的看法，再到自我意识的进一步巩固，最终孩子会形成优秀的个性品质，比如独立、自信、果断、专注、坚强等。

深度解析

自我意识是一个人对自己的认识和评价，对自己和他人关系的认识。自我意识包括多种形式，如自我观察、自我评价、自我体验、自我监督、自我控制、自尊心、自信心、独立性等，它的发展对一个人个性的形成有着极其重要的作用。

孩子自我意识的发展能够让他明白自己和别人是不同的，尤其是和爸爸妈妈不同，他有自己的相貌，有自己的生活习惯，有自己的独立空间，有自己的行为方式等。有时候孩子还会通过说"不""占有""发脾气""打人"等行为表现自己的独特性，让别人知道他是区别于他们的，是独立于他们的，这甚至比做一个乖孩子更重要。

所以，自我意识敏感期是所有敏感期中非常重要的一个敏感期，它会决定孩子将来成为什么样的人。一个孩子将来内心是否强大，与他在自我意识敏感期能否形成健康的自我意识关系密切，因此帮孩子顺利度过自我意识敏感期非常重要，这从某种程度上可以说是他在未来社会的立足之本。

既然自我意识敏感期如此重要，那么家长应该怎样帮孩子顺利度过呢？

方法指导

1.不要谴责孩子的自我行为

孩子刚出生的时候是没有自我意识的，在不断的成长过程中，孩子的自我意识才逐渐构建起来。在这个过程中，孩子通过占有属于自己的物品来区别自己和他人，当物品完全属于他的时候，他才能感觉到"我"的存在。这也是孩子自我意识的萌芽，大概出现在孩子1.5岁之后的原因，这意味着孩子从此进入了自我意识敏感期。

在自我意识敏感期，孩子不喜欢与小朋友分享玩具和零食，对自己的东西看管得很紧，这在很多家长看来是孩子自私的表现，不少家长会谴责孩子的行为，给孩子贴上"自私""小气"的标签，甚至会强迫孩子去分享。其实这是对孩子天大的误解。要知道，孩子不愿意分享是其维护物品所有权的表现，是孩子在有意识地区分"我的"和"你的"，是自我意识敏感期最常见的表现之一。因此，家长要用平常心看待孩子的"自私"行为。

2.对孩子说"不"，不必过分较真

处于自我敏感期的孩子，非常喜欢说"不"。你问他吃饭吗？他会说"不"；你问他喝水吗？他也说"不"；你问他去厕所吗？他还是说"不"。其实，孩子说"不"的时候并不是真的不吃饭、不喝水、不去厕所，你给他饭菜，他照样会吃；你给他倒水，他照样会喝，只不过他喜欢说反话。其实孩子只是想通过语言表达来建立"我的"概念，来表明"我"不想被你控制。此时，家长不必和孩子较真，千万不要认为孩子是在挑战家长的权威，从而强行纠正孩子。家长只要接纳孩子说"不"的行为，过一段时间这种行为就会慢慢消失。

3. 欣赏和鼓励孩子的不同意见

处于自我敏感期的孩子，经常会试图摆脱父母的意见和安排。当你发现孩子对你的意见有不同的看法时，千万不要强行阻止，而要引导孩子表达自己的意见。也许孩子无法准确地表达自己的意见，这时你可以帮他描述他的意见，最后肯定、欣赏他的意见。这样可以极大地激发孩子的自信心，让孩子意识到自己已经"长大"，有权利决定自己的事情。这对孩子自我意识的完善和个性的发展很有帮助。

4. 及时制止孩子打人、咬人的行为

当孩子出现打人、咬人等行为时，家长首先要制止孩子，因为自我敏感期的这种行为虽然与主观恶意伤害无关，但毕竟是伤人行为。其次，家长要明白孩子打人、咬人行为背后的心理——不是为了伤人，而是"排斥"的意思，即孩子认为我不同意你，或你所做的让我不高兴，或我不愿意，所以我要"排斥你"，然后就打你或咬你。

对于孩子的这种行为，家长不要去谴责或说教，更不要以暴制暴地惩罚孩子，而要尽量让孩子在不违反规则的情况下表达自我情绪和想法。家长还可以教孩子一些手语，比如"等待"和"不能这么做"的手语，让孩子在想表达"排除""不同意"的意思时使用。另外，如果遇到别的孩子打人或咬人，家长要尽快把自家孩子带离，避免孩子看到后跟着模仿。

5.多带孩子接触其他小朋友

处于自我意识敏感期的孩子并不是永远都在表现"占有欲"，他们也是可以进行短暂的互动、友好的交往以及一定程度的分享的，包括在游乐场里一起玩玩具、玩沙、玩水、玩滑梯、分享食物、互相帮助等。因此，家长可以多带孩子接触其他小朋友，鼓励孩子与人玩耍和游戏，这样有利于培养孩子的规则意识和与人交往的能力，对孩子顺利度过自我意识敏感期是很有帮助的。

总之，对于孩子自我意识敏感期的种种表现，家长的心态一定要平和，要向孩子流露出慈爱、温情，承认孩子的自我价值，正确理解和认识孩子所处的成长阶段。多与孩子共情，少和孩子讲道理，因为对于1.5~3岁的孩子而言，他们不太容易明白家长所讲的道理。不如用正确的态度和行为给孩子做示范，从而引导孩子的行为和个性发展。

占有敏感期（3~4岁）：
尊重孩子的"私有权"

典型案例

（一）

"我的女儿雯雯3岁多，最近经常把'我''我的'这样的字眼儿挂在嘴上。"某早教中心接到家长汪女士的来电反映，"有时，雯雯会突然从我手里抢走水果或电视遥控器，并大声宣称'这是我的'。"

汪女士说，当雯雯和其他小朋友在一起时，这种现象表现得更明显。比如在游乐场里，雯雯甚至会把别的小朋友正在玩的玩具抢过来，占为己有，并宣布："这是我的。"汪女士表示，这种情况让她感到非常困窘，也让她感到困惑：为什么如此可爱的宝贝女儿变得这么自私？难道她完全不懂得分享的快乐吗？

（二）

滔滔3岁5个月了，最近他的小书包上总会系着一个塑料袋，他会把每次用过的纸巾或在幼儿园玩过的玩具、吃不完的食物都装进袋子里带回家。哪怕是爸爸妈妈，他也不允许他们动这个袋子。

在幼儿园的餐厅里，如果滔滔选的食物没吃完，他会告诉老师："老师，这个是我选的，我要带回家。"滔滔已经对"我的""你的"有一个非常清晰的概念。滔滔还喜欢把幼儿园院子里飘落的树叶捡起来，装在塑料袋里带回家。

类似的状况大概持续了两个月，才慢慢消失。

"你的孩子愿意跟小朋友一起分享玩具或零食吗？"对于这个问题，相信很多3~4岁的孩子家长的回答都是一样的——不愿意。对于孩子的这种行为，家长们普遍的反应是觉得孩子"小气"，其实这是孩子占有敏感期的表现。就像以上两个案例中的孩子所表现出来的种种行为，都是进入占有敏感期的典型表现。在这些不合常规，甚至让人瞠目结舌的行为背后，潜藏着孩子特殊阶段的心理需求。

概念和表现

占有敏感期，指的是孩子喜欢从"我"出发，认为很多东西都是自己的，不允许别人碰他的东西，又由于好奇、独占等心理，孩子还会去抢甚至去"偷"别人东西的特殊阶段。它通常发生于孩子3~4岁之间，特点是强烈地感觉占有、支配自己所属物的快乐。

处于占有敏感期的孩子，眼中的一切皆是属于他自己的，他会通过不断地宣示"我的"来建立强烈的自我意识，通过对物品的专属占有权发展起自我意识。这就是为什么孩子会像守护宝贝一样守护自己的东西，甚至寸步不离地携带着，只有这样孩子的自我意识才能得到满足和巩固。如果有人触碰属于他的玩具，他一定会抗争，而且往往会不达目的决不罢休。

深度解析

儿童教育专家孙瑞雪说过，孩子自我意识的形成是从占有可触摸的物开始的，因为这是最简单最有效区分"我的"的自然方式，然后进一步构建从具体的"我的"到意识的"我的"，最后建立完全无形的自我。所以，孩子占有行为的真正意义不是对物本身的占有，而是为了获得物品背后的意义。如果获得的过程太艰难，孩子就容易忘记物品背后的东西，而把注意力放在物本身。这才是真正意义上的自私和占有，也是一种心理障碍，蒙台梭利把它称为"儿童的歧变"。

处于占有敏感期的孩子，首要任务是建立明确的自我意识，其独占行为与"自我为中心"和自私自利有着本质区别。当孩子完全占有某件物品并可以自由支配时，他才可能去探索物品背后的精神，才可能超越对物本身的占有。而当孩子拥有这些物品的所有权时，交换就开始了，与此同时也拉开了孩子人际关系的序幕。

随着年龄的增长，孩子的"占有欲"会逐渐减弱或消失。当然，对于那些"占有欲"特别强的孩子，家长应认真分析原因，寻找教育对策，以纠正孩子的行为。

方法指导

那么，家长应该怎样教育引导处于占有敏感期的孩子呢?

1.不要强迫孩子分享

孩子在占有敏感期内出现独占行为时，家长不要强迫孩子分享，以期望他和别人友好相处。因为家长的这种做法如果得逞，就会迫使孩子压抑内心自我意识的发展，导致孩子自我意识建立不完全，成人之后孩子就容易变成以自我为中心、占有欲强的人。

明智的做法是，尊重孩子建立自我意识的迫切性，接纳并加以引导，让孩子明白分享的意义，即分享不等于失去。这样才有助于孩子自我意识的顺利发展。比如，孩子在公园荡秋千，别的小朋友也想来玩，这时家长可以告诉孩子："秋千是供大家玩的，你玩5分钟后换他们玩，他们玩5分钟再换你来玩，大家轮流着玩好不好？"以这种方式对孩子循循善诱，既能赢得孩子配合，也不会影响孩子自我意识的建立。

2.承认孩子专属的东西

帮孩子建立正确的自我意识，最好的办法是承认孩子专属的东西，同时也指出不属于孩子的东西。家长可以先帮助孩子区分哪些东西是他的，他可以做主，哪些东西是别人的，他不能做主，不能霸占。

对于孩子的东西，家长要充分尊重，可以对孩子说："这个玩具车是你的，别人不能抢；那个小兔子布偶是小姐姐的，你也不能抢。如果她想玩你的玩具车，必须经过你同意。你若不同意，她不能抢；

如果你想玩她的小兔子布偶，也要征求她的意见，她若不同意，你也不能抢。"

3.引导孩子好好说话

当孩子想占有某个东西，并吵着"这是我的"时，家长可以先从一旁肯定他，同时教孩子一些规矩，告诉他："对，这些是你的东西，你可以慢慢说，不能尖叫吵闹，爸爸妈妈不喜欢你大喊大叫。"或者提醒孩子："你再这样大喊大叫，我是不会把玩具给你的，你必须好好说话。"父母要坚定立场，当孩子哭闹尖叫时，最好等他平静下来，再满足他。

4.理智处理孩子的抢夺行为

处于占有敏感期的孩子有时会抢夺别人的东西，对此家长不必大惊小怪，更不应责骂孩子自私自利，而应该耐心引导教育。

4岁的彤彤和邻居家3岁的琪琪经常一起玩，当她看见琪琪的漂亮玩具时，总是忍不住抢夺过来，占为己有。妈妈多次教育他、批评她，但是收效甚微。这天，妈妈发现彤彤的玩具箱里又多了一个洋娃娃，非常担心。

其实，家长不必过于担忧孩子的抢夺行为，因为这只是占有敏感期的特殊行为表现，并不意味着孩子品行不端。家长要做的是不迁就孩子的抢夺行为，引导孩子尊重别人的物权，鼓励孩子和别人友好相处。

其次，家长可以让孩子与比他稍大的孩子一起玩，大孩子更懂得也更有能力维护自己的权利，使自己的物权不受侵犯，这样可以抑制孩子的占有欲。同时，大孩子相对更懂得分享，还会照顾小朋友，这样可以给孩子积极的影响，从而制止孩子的"独占""抢夺"行为。当然，家长也要及时关注孩子间的交往，避免大孩子欺负自己的孩子。

5. 平常心对待孩子偷藏的行为

有些家长发现，三四岁的孩子会出现偷藏行为，即偷别人的东西，把别人的东西藏起来，占为己有。对此，家长感到非常担忧，认为孩子小小年纪就小偷小摸，长大了还得了？于是对孩子严加审问，粗暴地教育，甚至进行体罚。这显然是不可取的。明智的做法是：

首先，要控制自己的情绪，保持平和的心态，用平常心看待孩子偷藏的行为。不要给孩子贴上"小偷"的标签，以免伤害孩子的自尊心，给孩子造成心理压力，而要鼓励孩子把偷拿别人东西的经过和自己的想法表达出来，这样更有利于解决问题。

其次，要告诉孩子："别人的东西不能侵占，更不能未经别人允许，偷偷拿回来。"如果孩子屡教不改，家长可以试着让孩子体会一下"心爱物品不见了"时的感受。比如，把孩子的玩具藏起来，让他找不着。

再者，家长要培养孩子待人接物的能力，告诉孩子："如果你想玩别人的玩具，可以跟他借。如果别人不同意，那你也不能偷拿人家的东西。"

最后，发现孩子偷拿了别人的东西，要鼓励孩子把东西归还对方。当然，归还之前一定要让孩子明白自己的行为是不对的，从而让他自愿归还。

审美敏感期（2.5~5岁）：
让孩子按自己的喜好穿着、打扮

典型案例

4岁的雨涵最近爱上了打扮，喜欢拿着妈妈的口红，照着镜子涂抹。有时候把口红抹到嘴唇外面了，她就拿卫生纸擦拭，因为这件事妈妈没少骂她。为了追求美，她几乎每天都要穿公主裙，哪怕大冷天也坚持穿，妈妈怎么劝她都不听。而且每次出门，她都要带上发卡和头花，否则就不肯出门。不仅如此，她还经常在家偷偷穿妈妈的高跟鞋，当高跟鞋发出"嗒嗒"的声音时，她一脸神气。

常言道："爱美之心，人皆有之。尚美之道，千古之风。"人人生而爱美，对美的追求和崇尚，古今中外概莫能外。按理说，人人都能理解和接受"爱美"这件事。但是"爱美"放在孩子身上，就会引来家长的议论。

"小孩子知道什么美不美的，能穿就行！"

"穿什么公主裙，活动起来一点也不方便，摔跤了怎么办？"

"小孩子长得快，衣服买大一码的比较划算，还能多穿两年。"

"小小年纪就知道臭美，长大了还得了！"

……

正是因为这样，很多家长遗憾地错过了孩子审美敏感期的引导。

概念和表现

审美敏感期，是指孩子在2.5～5岁之间有了明确的审美要求和审美倾向的时期。儿童教育专家孙瑞雪在《捕捉儿童敏感期》中提到：审美敏感期，是孩子开始对自我和环境有审美要求的关键期。这个时期的孩子对事物有了自己的一套审美标准，非常在意自己的外在形象，尤其是女孩会对衣着服饰产生浓厚的兴趣。

处于审美敏感期的孩子会要求自己选择衣服，而且只穿自己喜欢的衣服。比如，女孩子喜欢穿裙子和高跟鞋，并按自己的想法穿着和打扮。女孩子喜欢化妆，尽管在成人眼里这些"妆"画得很离谱，但她们还是热情不减，而且喜欢在大人面前展示。直到得到大人的夸奖，她们才心满意足地走开。男孩也有自己的审美取向，他们会模仿自己偶像的穿着风格。如果这一需求不被满足，他们就会不开心，甚至发脾气、哭闹。

深度解析

爱美是人的天性，也是培养孩子审美能力的基础。一个有欣赏美的能力的孩子，才能发现身边的美，才会对生活充满热爱。因此，审美敏感期是孩子成长发育的一个重要阶段，对孩子一生有着重要的意义。

作家蒋勋曾说："一个人审美水平的高低，决定了他的竞争力水平。因为审美不仅代表着整体思维，也代表着细节思维。给孩子最好的礼物，就是培养他的审美力。"作家木心说得更直白："没有审美能力是绝症，知识也救不了。"

因此，家长应该尊重孩子的审美需求，给孩子穿衣打扮的权利，给孩子提供适宜的物品，同时引导孩子认识到外表的美不是最重要的，内心美才是更可贵的，从而给孩子树立一个美的正确取向。具体来说，家长可以参考以下方法培养孩子的审美能力：

方法指导

1. 尊重孩子穿衣打扮的需求

中央电视台一位著名女主持人，被人评价为"杏花春雨江南"，又被人视为"腹有诗书气自华"的完美写照。但就是这样一位气质不凡的女主持人，曾经一度不自信。她曾经坦言："小时候爸爸不让我多照镜子，不给我做新衣服。甚至用'马铃薯再打扮也是土豆'这样的话打击我的爱美之心。"长大之后，她一直觉得自己不好看，长期处于自我怀疑的状态。直到多年后，她才慢慢走出童年的心理阴影。

这个案例告诉我们，童年被扼制的爱美之心，需要花很长时间才可能慢慢修复，很多人甚至一辈子都无法走出童年的影子。因此，家长一定要尊重和保护孩子的爱美之心，而第一步就是尊重孩子穿衣打扮的权利。

（1）给孩子提供物质和精神支持

爱美是需要一定的物质基础的，比如，女孩子喜欢公主裙、儿童化妆品，男孩喜欢球衣、运动鞋和帅气的帽子等，这些都需要家长提供物质支持。家长不妨结合家庭经济情况，给孩子提供必要的物质支持，满足孩子对某些服装和物品的需要，这也是对孩子爱美之心的精神支持。在给孩子购买衣服之前，家长不妨征求孩子的意见："你想买什么样的衣服？"如果可以的话，最好带着孩子一起逛街买衣服，让孩子自己选择。

（2）给孩子选择穿搭的自由空间

每天早上起床时，家长都可以给孩子选择穿搭的自由空间，尊重孩子特定的穿搭需求。特定的穿搭需求，是指孩子心情不同、想法不同，对穿搭风格也有不一样的要求。只要孩子的穿搭要求不是特别离谱，家长就没必要责备孩子"任性""胡闹"，不妨给孩子自由。

（3）耐心引导孩子"离谱"的穿搭

有时候，孩子会有"离谱"的穿搭的想法。比如，大冬天孩子要求穿夏天的裙子。这显然是不合适的，家长要耐心引导，切莫对孩子发脾气。家长可以问孩子："你为什么要这样穿？你想表达什么想法？这样穿会有什么麻烦呢？"

需要提醒的是，为了避免孩子大冬天选择夏天的衣服，家长最好把不同季节的衣服分类收放，孩子看不见夏天的衣服，可能也不会想到在冬天穿夏天的衣服。

（4）鼓励或帮助孩子做出着装选择

如果孩子在选择衣服的时候犹豫不决，家长也可以帮孩子做选择。反之，家长偶尔也可以让孩子帮忙选择衣服。最重要的是，鼓励孩子说出选择的理由："宝贝，你为什么要这样穿搭呢？你认为这样穿搭的亮点在哪儿？"对于孩子合理的回答，家长可以适当予以肯定，以增强孩子的自信心。对于孩子不合理的回答，也可以予以引导和纠正，以帮助孩子树立正确的审美观。

（5）尊重孩子的化妆心理并给予指导

对于审美敏感期女孩爱化妆的心理，家长要充分尊重，悉心指导。妈妈还可以当孩子的"模特"，让孩子为自己化妆。无论孩子画得好不好，都可以留下珍贵的照片，相信若干年后这将会是孩子成长过程中的一笔宝贵财富。

2.给孩子营造美的生活环境

进入审美敏感期后，孩子开始敏锐地感知周围的环境之美，家长给孩子营造一个美的生活环境就显得很有必要。正如《朱子治家格言》开篇写的那样："黎明即起，洒扫庭除，要内外整洁。"干净整洁的生活环境不仅能让孩子身心舒适，也能让孩子的内心保持纯净。那么，怎样给孩子营造美的生活环境呢？

家长可以定期和孩子一起收拾房间，把各种物品分类摆放，避免家里乱糟糟的；养成定期清洗被子床单、叠被子、整理床单的习惯，让床铺保持干净整洁；换季时要收拾衣柜，把不需要的衣物清理掉；经常性地擦拭桌椅床头，去除灰尘；养花养草，净化家庭环境，装点绿意盎然的美好家居生活；设置作品展示角，把孩子的创意作品展示出来……生活的美好源于家里干净整洁，这需要家长用心去营造。

3. 多带孩子去发现美的事物

审美敏感期内，孩子对美的追求并不局限于穿衣打扮。世间万物，美的事物数不胜数，都等着家长带孩子去欣赏和感受呢！

（1）带孩子欣赏世间最纯粹的美

英国诗人柯勒律治曾说："大自然对儿童的熏陶远远高于学校对儿童的教育影响。"家长可以多带孩子走出家门，走进大自然，陪孩子欣赏世间最纯粹的美。不论是蓝天白云，还是青山绿水，抑或是树木花草，都可以用相机把美的画面定格下来，或鼓励孩子把美的事物通过绘画记录下来，再在闲暇之余和孩子慢慢欣赏。

（2）带孩子徜徉于艺术世界

家长还可以带孩子去了解"看不懂""听不懂"的艺术，比如走进博物馆、美术馆、音乐厅，让孩子感受艺术的魅力。不要觉得孩子欣赏不来这些高雅的东西，其实孩子的审美力比成人更细腻、更敏锐，因为他们还没受到成人思维定势的影响。

打听出生敏感期（4～5岁）：
告诉孩子他是从哪儿来的

典型案例

4岁的媛媛最近有点儿闷闷不乐，多次一个人躲在角落里发呆。一天，妈妈走到她身边问："宝贝，这几天你怎么不高兴呢？"媛媛看了看妈妈，低下了头。妈妈又说："有什么心事可以跟妈妈说，妈妈会帮你的。"

媛媛犹豫了一下，委屈地说："妈妈，你生气了不会把我扔回垃圾堆吧？"妈妈听完这话，先是疑惑了一下，然后恍然大悟。原来，几天前女儿问她："我是从哪里来的？"她为了敷衍女儿，就编了一句："你是妈妈从垃圾堆里捡回来的。"想到这里，妈妈后悔不已。

不知道家长们有没有发现：孩子到了四五岁这个阶段，突然会对自己的出生产生浓厚的兴趣，他们会问父母："我是从哪里来的？"面对这个尴尬的问题，大多数父母可能不知如何作答，要么转移话题，避而不谈，要么胡编乱造，随意敷衍，如"你是从妈妈肚脐眼里生出来的""你是从石头缝里蹦出来的""你是妈妈从垃圾堆里捡回来的"……

虽然父母充满想象力的回答可以暂时打消孩子追问自己出生的念头，可是也会使孩子幼小的心灵遭受严重的伤害。案例中的媛媛，就是因为妈妈一句"你是从垃圾堆里捡回来的"玩笑话，而失去了安全感，变得忧心忡忡、闷闷不乐吗？可见，对于孩子提出的出生问题，父母不可轻视。

那么，父母可能会疑惑：为什么孩子到了四五岁时喜欢问自己是从哪里来的呢？

其实，这是孩子进入了打听出生敏感期。

概念和表现

打听出生敏感期，通常是指处于4~5岁的孩子，他们对"我是谁""从哪儿来的"等问题感到好奇，并且一遍又一遍地问父母的特殊时期。

深度解析

孩子进入打听出生敏感期后，便开始思考和想象生命的起源。很多家长之所以对孩子关于出生的问题感到难以启齿，是因为他们由生命起源联想到了性，最后只好随便敷衍一下孩子。殊不知，错误的回答会影响孩子安全感的建立。

诚然，四五岁的孩子不宜过多了解性知识，但家长可以变通一下，通过科学地讲解和巧妙地回答，引导孩子认识生命的起源，帮孩子顺利度过打听出生敏感期。

方法指导

1.正视孩子提出关于出生的问题

家长们，当孩子问你"我是从哪儿来的"时，请你一定要正视这个问题，不要认为孩子年幼，就随便编个谎言欺骗他。正确的做法是，重视孩子的提问，认真倾听孩子提问并思考如何作答，切莫斥责孩子，认为孩子是在胡思乱想。比如，放下手中的事情，蹲下身子，注视着孩子，耐心倾听孩子的问题，并问孩子："你为什么提出这样的问题呢？"这样孩子就能感受到父母的重视，从而获得被爱的感觉。

2.善待孩子的刨根问底

当孩子第一次问"我是从哪儿来的"时，家长只要回答"你是妈妈生出来的"就可以了。但是如果孩子不满足这个答案，反复提出类似的问题，甚至追问一些让人尴尬的细节，比如："我是怎么从妈妈肚子里生出来的？""为什么我会在妈妈肚子里？"时，那么家长就要耐心解释了。

有个5岁男孩问妈妈："我是怎么来的？"

妈妈说："你是妈妈生出来的。"

男孩又问："我是怎么生出来的？"

妈妈想了想说："你知道种子发芽吗？"

男孩点了点头。

妈妈解释道："你最开始就是爸爸在妈妈肚子里放了一颗'种子'，'种子'在妈妈肚子里慢慢发芽、生长，然后长出鼻子、耳朵、嘴巴、手和脚……经过10个月的成长，你就出生了。"

案例中的妈妈用种子发芽的过程比喻人类孕育生命的过程，就非常形象，也很容易理解。更为重要的是，这种解释能让孩子明白，他是爸爸妈妈爱情的结晶，这会让他获得强烈的安全感。

家长还可以告诉孩子："当你成长到10个月的时候，妈妈的肚子就装不下你了，于是爸爸将妈妈送到医院，在医生和护士的帮助下，将你接生出来。"这样可以极大地满足孩子的好奇心和求知欲。

当然，家长还可以借鉴儿童类百科全书中对怀孕、分娩的科学解释，这类图书图文并茂，加上家长的通俗讲解，相信孩子很容易理解。

3. 和孩子一起进行生命探究

事实上，孩子打听自己的出生是对生命的一种探究，家长可以很好地利用孩子的探索欲引导孩子明白自己来到世间是多么不容易，原来自己对家人来说这么重要，这样孩子就会产生自我价值感，从而尊重生命、敬畏生命、珍惜生命。

比如，家长可以通过给孩子读一些有关生命诞生的绘本，从而让孩子知道自己从何而来，是多么拼搏努力才获得了新生。孩子通过这些绘本可以知道自己还没出生就已经付出很多努力，争得了第一，他一定感到很自豪。家长也可以趁机告诉孩子："每个出生的孩子都是冠军！"

4.满足孩子对身体的探索欲望

处于打听出生敏感期的孩子除了会问自己是怎么来的，还可能会谈论性器官。对此，建议家长克服自己的心理障碍，思想放开一点儿，态度坦诚一点儿，大大方方地给孩子讲解性器官及其作用。当然也要考虑我们的教育传统，为此家长可以用昵称来称呼性器官，这样就算孩子在公共场合谈论性器官，也不会引起周围人异样的眼神。另外，家长要提醒孩子在公众场合避免出现不雅的动作，如玩弄性器官、谈论别人的性器官等。

5.适当对孩子进行性启蒙教育

对于处在打听出生敏感期的孩子，家长还应对其进行适当的性启蒙教育，既要让孩子充分了解自己的身体，也要教孩子如何保护自己的隐私部位。比如，不允许父母以外的任何人触碰、玩弄自己的性器官及其他隐私、敏感部位。父母在家里也要注意保护孩子的隐私部位，爸爸和女儿、妈妈和儿子最好保持一定的性别界限，如爸爸不给女儿洗澡、擦屁屁，妈妈不给儿子洗澡等，充分尊重孩子的性别差异。

6.通过"二胎"和孩子探究生命

对于正在备孕二胎的家庭来说，这其实这是一次和大宝探究生命、见证生命诞生的难得的机会。通过见证二胎从备孕到怀孕再到出生的完整过程，孩子可以见证生命的发育过程，从而意识到生命的奇妙和伟大，这会让孩子在弟弟或妹妹出生后，更加懂得关爱和照顾他们。

身份确认敏感期（4～5岁）：
可以和孩子扮演角色游戏

典型案例

（一）

4岁多的亮亮对奥特曼的痴迷程度让爸爸妈妈感到不可思议。他每天去幼儿园都要穿着奥特曼的外套，带上奥特曼的玩具。一天早上起床时，妈妈问亮亮："今天穿白色袜子，还是穿蓝色袜子？"亮亮居然反问道："奥特曼穿什么颜色的袜子？我要跟奥特曼穿一样颜色的袜子。"妈妈没耐心地说："快点儿吧，别磨叽了，我还要上班呢！再说你也不是奥特曼，干吗总是学他？"亮亮听后，居然委屈地哭了起来。

（二）

快5岁的佳佳特别迷恋美羊羊，她要求妈妈给她梳两个羊角小辫，扎上和美羊羊一样的蝴蝶结。无论走到哪里，她都会跟别人说："我是美羊羊。"

一天，见佳佳又在镜子前扭来扭去，妈妈就问她："为什么你说自己是美羊羊？"佳佳说："因为我和美羊羊都是女孩子，都爱漂亮呀！"妈妈笑着问："美羊羊只是爱漂亮吗？她有没有别的优点？"佳佳想了想说："她还很善良。"妈妈赞许道："对呀，所以啊，既然你说自己是美羊羊，那你也要……"妈妈的话还没说完，佳佳就大声说："我要做善良的美羊羊。"

四五岁的孩子开始崇拜动画片中的人物，视其为自己的偶像，幻想自己就是那些角色，甚至会在生活中扮演那些角色。不少家长觉得孩子太调皮了，太不切实际；但其实这是孩子在确认身份，是进入身份确认敏感期的正常表现。

概念和表现

身份确认敏感期和打听出生敏感期几乎同时出现，都是发生在孩子4~5岁之间。处于打听出生敏感期的孩子比较好奇自己是怎么来的，而进入身份确认敏感期的孩子则会确认自己的角色以及特征。这一特殊的时期被称为身份确认敏感期。

我们知道，孩子3岁之前和父母相处的时间最多，最崇拜的人也是父母，他们可以从父母身上获得安全感。而3岁之后孩子开始进入幼儿园，交往的范围更宽，活动的空间更广，接触的事物更多，开始形成自我意识，也就是开始思考"我是谁"，这也是身份确认敏感期的核心内容。这一时期孩子崇拜的人物不再局限于父母，而是开始向外部世界寻找新目标。很自然的，孩子平时看的动画片里的人物，如孙悟空、猪猪侠、超级飞侠、喜羊羊等，就成了孩子的偶像和崇拜对象。

3岁前，孩子可能只是喜欢动画片里的那些英雄人物，但处于身份确认敏感期的孩子已经不只是单纯地模仿那些人物，还有更深层次的精神要求和思维在里面。如果父母问孩子长大了想成为什么样的人，很多孩子可能会说："我想成为孙悟空、奥特曼、艾莎公主……"除了动画片里的英雄人物，孩子也会受影视角色的影响，如三国英雄关羽、赵云、诸葛亮等，又如电影中的人物哈利·波特、蜘蛛侠、钢铁侠等。

深度解析

四五岁的孩子之所以会出现偶像崇拜和偶像模仿心理，是因为他们随着自我意识的逐渐增强，希望树立一个关于自己内心的形象，这就是在逐步给自己定位。在这一时期，孩子会根据自己的需要来选择偶像。细心的家长会发现，孩子的偶像大都会有这样一些特点或特质：

特质1：充满力量感。

动画片、电影中有这样一类角色，他们给人无限的力量感，遇到什么困难都不怕，怎么打都打不死；他们可以保护弱小，可以打败怪兽和坏蛋，他们是英雄人物。比如，猪猪侠一旦变身，就可以打败一切敌人；超级飞侠一旦出动，什么困难都能解决；超人一旦喊出口号，就勇往直前，无所畏惧；大力水手只要吃了菠菜，就会变得很厉害……孩子之所以把这些角色视为偶像，是因为当他们渴望正义感，或者遇到困难和感到害怕时，会借助想象中的角色给自己勇气和力量，让自己不再害怕。

特质2：随意搞破坏。

动画片、电影中还有一类角色，就是坏蛋或怪兽，他们的特点是令人讨厌，总喜欢搞破坏。孩子在模仿这类角色时，往往假装自己不是在搞破坏，而是借机发泄心中的怒火或被压抑的破坏欲，这也是力量的象征和情绪的宣泄。

特质3：惹人爱的角色。

有些孩子喜欢模仿喜羊羊、美羊羊的角色，或某个电影中惹人爱的角色，这类角色的特点是大家都喜欢他，以及角色的社交能力很强。这与孩子的社交需求有很大关系，他们通过模仿这类角色，学习对方与人交往的方式，是想获得更好的人际关系。

特质4：机智的角色。

有些孩子喜欢模仿聪明的一休，是因为他们崇拜一休所具有的智慧和解决问题的能力，渴望成为这样机智的角色，什么问题都难不倒他们。

当孩子明确了心中的偶像后，就会投入对偶像的角色扮演中去，比如模仿偶像的着装和言行举止，或通过角色游戏扮演偶像。在这个过程中，孩子会吸取偶像的某些特质，不断地充实自己的内心，从而形成良好的人格特征。

所以，请不要为孩子看似不正常的偶像崇拜和模仿行为感到头疼，要理解他的内心，给他做梦的权利。无论孩子的偶像是谁，都要用爱帮他构建自我，尽可能满足他的内心需求，并根据实际情况给他正确的引导，帮他顺利度过身份确认敏感期。当孩子度过这一敏感期后，不用家长提醒，他就会从梦幻中走出来。

方法指导

1. 帮孩子选择正能量的偶像

四五岁的孩子虽然开始形成独立思想和个人判断，但还没有形成正确的是非观，在选择偶像、模仿偶像方面，家长有必要给孩子把把关，帮他挑选一些正面、积极、利于成长的偶像，避免孩子学一些不好的偶像。比如，鼓励孩子选择降妖除魔的孙悟空、奥特曼、超人这类角色作为偶像，或鼓励孩子选择温柔善良、招人喜欢的美羊羊、白雪公主作为偶像。

当然，如果孩子不接受父母的建议，把一些不好的角色当作偶像，家长也不宜强行阻止，而要耐心引导。比如，让孩子认识到负面角色是不受人欢迎的，会失去朋友。这样可能会更奏效。

2. 允许甚至鼓励孩子模仿偶像

崇拜偶像能使孩子感到快乐，感受到自己独特的存在。模仿偶像则是孩子成长的需要，在模仿的过程中，孩子可以丰富自己的内心和塑造自己的形象。因此，家长要允许孩子模仿偶像给予孩子自由的空间，甚至鼓励孩子模仿偶像。切莫把孩子的模仿行为视为调皮捣蛋的表现，继而对其行为评头论足，冷嘲热讽，甚至一脸嫌弃，横加阻止。在这个过程中，孩子会积蓄力量，逐渐形成好的性格特质。一旦顺利度过这一时期，孩子自然就不再模仿了。

3.给孩子提供模仿的"道具"

处于身份确认敏感期的孩子，会乐此不疲地寻找与自己崇拜的角色类似的服装、影片、书籍、玩具等，他们会让爸爸妈妈给他买若干个变形金刚，买很多挖掘机，买很多件公主裙，买很多关于超人的模型……这在家长看来是非常不实用的，是浪费钱的行为，他们会非常疑惑：孩子怎么这样乱花钱？怎么这么不懂事？然后不肯满足孩子。

殊不知，每一个玩具、每一套衣服、每一个卡片、每一个模型，在孩子眼中的意义都是不同的，孩子要吸收其中不同的东西，以丰富自己的内心。因此，如果家庭经济状况允许，家长不妨尽可能地满足孩子，给孩子提供想要的玩具、衣服、卡片、书籍、模型等，让孩子顺利度过身份确认敏感期。

4.通过角色扮演配合孩子模仿

对于正处于身份确认敏感期的孩子，最好的亲子游戏莫过于角色扮演。家长可以充当配角，配合孩子模仿自己的偶像，比如，儿子模仿超人，妈妈模仿坏蛋，让超人打败坏蛋；女儿模仿白雪公主，爸爸妈妈模仿小矮人，然后白雪公主和小矮人一起生活。

4岁的莉莉最近有些神神秘秘，她会穿起妈妈的薄外套，假装是裙子，再把妈妈的丝巾搭在头上，还用各种发卡把脑袋打扮得花枝招展，还走到妈妈面前说："妈妈，我是白雪公主，你做小矮人吧！我给你做好吃的。"妈妈笑着说："好啊，我想吃烤饼，公主可以满足我吗？"然后莉莉拿起一个玩具，递给妈妈说："吃吧，小矮人，这是我给你准备的烤饼，可香了！"

过了几天，莉莉又开始模仿拇指姑娘，她趴在地上，用力蜷缩着身子，对妈妈说："妈妈，我是拇指姑娘。"妈妈配合道："拇指姑娘，我是燕子，我带你飞到海边吧！"说着双手扇动，假装飞翔的样子，莉莉开心地笑了。

这个案例中的妈妈做得很好，面对女儿的即兴模仿，他自然而然地配合起来，极大地满足了女儿的模仿欲望，这不仅可以增进亲子感情，还可以帮孩子更好地度过身份确认敏感期。

5.引导孩子学习偶像的优秀品质

父母不仅要帮孩子选择正能量的偶像，还要进一步引导孩子对偶像有一个更深入的认识，让孩子明白为什么喜欢这些角色，这些角色有什么特质，进而学习偶像身上的优秀品质。比如，男孩喜欢奥特曼，父母除了满足孩子想买奥特曼的玩具、看奥特曼的动画片之外，还应该引导他学习奥特曼的勇敢、坚强，而不是像奥特曼打怪兽那样去欺负小朋友。女孩迷恋艾莎公主，父母除了满足她模仿艾莎公主喜欢打扮的需求之外，还要引导她注意到艾莎公主的优雅举止、内在品质。这对培养女孩温柔善良的性格意义重大，也能促使女孩提升自己的形象气质。

第 5 章

规则秩序敏感期：尊重孩子的内在秩序感

孩子到了一定的年龄，会对规则秩序非常敏感。当某个物体的位置或活动次序遭到破坏时，当自己熟悉的环境消失时，他们就会表现得不安和焦虑，产生强烈的情绪波动。而且这一时期的孩子非常固执，喜欢和父母对着干。其实，这是因为孩子进入了规则秩序敏感期，此时正是培养孩子规则意识，给孩子立规矩的好时机。

秩序敏感期（2~4岁）：
请尊重孩子心中的秩序

典型案例

睡觉时间到了，妈妈给3岁的小宝脱衣服。

当她拉开小宝上衣的拉链时，小宝突然提醒道："我没穿袜子！"于是要求妈妈给他穿袜子。

妈妈不解地说："睡觉穿什么袜子？"说着准备继续给小宝脱裤子。

但小宝非常抗拒，大声叫嚷道："我要穿袜子，穿袜子……"

妈妈只好妥协，当她拿起袜子准备穿在小宝脚上时，小宝又大喊道："把我衣服穿上，先穿袜子。"

妈妈恼怒了，立刻提高了嗓门，训斥道："你到底想怎么样？不想睡觉就别睡，我还有很多事要忙呢！"

小宝急了，哭喊着说："我不是不睡觉，我要穿袜子……"

没办法，妈妈只好按照小宝的意思来，先把他上衣拉链拉好，再给他穿上袜子，然后再脱上衣，再脱裤子，最后脱袜子。

小宝除了睡前脱衣服坚持自己的一套流程，拉粑粑后冲水也有自己的原则。每次他拉完粑粑都要坚持自己冲马桶，可是他个子矮，根本够不到，妈妈只能抱着他去按。可是他力道不够，按半天水也流不出来，急得他哇哇大哭，却不允许妈妈帮忙。如果妈妈帮忙按下冲水按钮，他会很生气。

有一次，妈妈见小宝半天没按动冲水按钮，就按着他的手按下了冲水按钮，这下可"闯大祸"了，小宝又哭又叫。妈妈以为让小宝再按一次就好了，可小宝接下来的行为让妈妈哭笑不得。只见小宝脱下裤子，要求妈妈抱他坐上马桶，非要再拉一次粑粑。可惜拉了半天，也没拉出来。为这事小宝哭了半天，搞得妈妈又气恼又迷惑。

也许你家的孩子没有案例中的小宝那么矫情，但是在孩子成长的过程中，你一定会发现，有段时间孩子突然变得很固执，就像很多家长吐槽的那样：

"出门的时候非要自己开门，如果我们开门了，他就会很生气，并且要把门关上，自己再开一次。"

"总是给家里的玩具排好队，如果我们把他排好队的玩具收掉，他就会大发脾气，无论怎么道歉都没用，直到他再次把玩具排好队！"

"如果跟他讲故事，故事情节略有跳动，他便会要求我们重讲一遍。否则，就会闹情绪，随时让你崩溃。"

"吃饭要坐在固定的位置上，玩具要摆放在固定位置，你偶尔穿了孩子爸爸的拖鞋，孩子就会要求你脱下来。"

……

类似的表现还有很多，可谓千奇百怪，很多家长想当然地认为孩子太任性，简直是无理取闹，于是狠狠地训斥孩子，甚至打孩子的屁股。其实，这不是孩子的错，只怪家长不了解孩子的规则秩序敏感期。

概念和表现

秩序敏感期，是指孩子对秩序极端敏感的一个非常重要和神秘的时期。秩序敏感期通常始于2岁左右，进入秩序敏感期的孩子对事物的秩序有强烈的需求，甚至到了固执、执拗的地步。这一时期的孩子就像个火药桶，随时都会爆炸，这种情况会持续到4岁左右。在这个过程中，孩子逐步发展起对物体摆放的空间或生活起居习惯的时间顺序的适应性，即秩序感。

秩序敏感期的发展可以分为三个阶段：

阶段1：孩子为了秩序遭到破坏而哭闹，一旦秩序恢复就不再哭闹。

比如，吃饭的时候，以往都是妈妈坐在孩子左边，爸爸坐在孩子右边，今天爸爸和妈妈换了个位置，孩子就会哭闹，只要爸爸妈妈换回原来的位置，孩子就会立刻安静下来。

阶段2：为了维护秩序而说"不"，自我意识开始萌芽。

2岁左右的孩子每天说的最多的一个字就是"不"，你叫他吃饭，他说"不"；你叫他喝水，他说"不"；你给他准备了一碗热汤，用勺子帮他搅拌一下，他还是说"不"。

阶段3：为了维护秩序而执拗，一旦秩序不是他要的，就要从头再来。

这个阶段的孩子最让家长抓狂，因为规则和秩序一旦被破坏，孩子就要求回到最初的状态，上面案例中的小宝脱衣睡觉和拉完粑粑冲马桶的事情就是很好的例证。

深度解析

虽然处于秩序敏感期的孩子让人头疼，但秩序敏感期对孩子的成长却有很多积极的意义。

首先，促进孩子建立自我、表达自我。

当孩子开始对被破坏的秩序说"不"，开始表达自己心中的秩序和需求时，说明孩子长大了，这对促进孩子建立自我、表达自我有很积极的意义，有利于孩子遵从自己的内心感受去做事，这对孩子成长来说是一大进步。

其次，带给孩子安全感、舒适感。

心理学家马斯洛曾指出："儿童在安全方面的另一种表现，是喜欢某种常规的生活节奏，他们仿佛希望有一个可以预测的有秩序的世界。"当秩序被破坏时，会带给孩子不安。反之，如果尊重孩子的秩序感，尽可能按照孩子心中固定的程序来做事，给孩子提供有序的环境，那么孩子会获得强烈的安全感、舒适感。

第三，有利于孩子建立规则意识。

细心的家长会发现：孩子进入秩序敏感期后，会把东西放在规定的地方，喜欢按惯例做事。比如，鞋子、衣服、玩具放在指定的位置，穿（脱）衣服先穿（脱）上衣，后穿（脱）裤子。孩子不仅要求自己讲秩序，还会"管闲事"，比如，爸爸的鞋子不让妈妈穿，妈妈的手机不让爸爸动，哥哥的玩具不允许别人拿等。这些行为习惯有利于孩子建立起正确的规则意识。

第四，让孩子的思维变得更有条理。

外在环境的有序或混乱，会直接影响一个人内在思维的条理性。如果孩子从小生活在杂乱不堪的环境中，或父母做事没有条理，不讲秩序和规则，孩子就很容易受到不好的影响，长大后成为一个条理性差的人。反之，如果孩子生活在秩序井然的家庭环境中，父母做事讲规则，那么孩子就容易受到积极的影响，慢慢成为条理性强的人。因此，尊重孩子的秩序敏感期，对培养孩子思维的条理性很有帮助。

方法指导

秩序敏感期对孩子健康成长有着非凡的意义，那么，家长应该怎样帮孩子顺利度过这一敏感期呢？以下方法值得参考：

1. 理解孩子秩序敏感期的"不可理喻"

处于秩序敏感期的孩子，经常会做出一些让家长感到不可理喻的事情。比如，有个孩子发现纸巾盒没关上，于是使劲按盖子，可还是关不上，急得大哭。原来是纸巾盒里的纸太满了，妈妈走过去把多的那一叠抽出来，纸巾盒就关上了，孩子也不哭了。

对于孩子这种既让人觉得可笑又让人气恼的行为，家长要学会理解，切勿对孩子发脾气，斥责孩子任性、胡闹、不可理喻。这并不是说事事都要迁就孩子，但至少要理解孩子在秩序敏感期的特定行为，明白这是孩子成长的必经阶段。特别是那些无关痛痒的事情，按照孩子的意思办就可以了。

2. 帮孩子营造有规律、有秩序的环境

孩子的秩序敏感性通常表现在对生活习惯、顺序性、周围物品的要求上，比如，每天三餐的时间，午休和晚上睡觉的时间，家里物品摆放的位置等。在充满秩序感的环境中，孩子的执行力和独立性也会得到很好的提升。

平时，孩子在学校享受的就是规律化的作息时间，但是回到家里，这种作息规律就会被破坏。如晚上睡觉时间不定，一日三餐的时间也不定，午觉可能也不睡，饿了就可以吃东西。这就是我们常说的"5+2=0"，意思是说上学五天养成的习惯回家休息两天就丢掉了。

因此，家长要设法避免这种情况发生，努力帮孩子营造有规律的作息习惯和有秩序的家庭环境。比如，尽量把控好一日三餐的时间；没有特殊情况，尽量不要让孩子想吃零食就吃零食；定好午休时间和晚上睡觉的时间，家长要和孩子一起去执行；玩过的玩具、用过的物品要及时归位，家长要做孩子的表率……这些秩序感的建立能帮助孩子养成良好的习惯，让孩子受益终生。

3.不要随意破坏孩子建立的秩序感

当孩子一再提醒你："乘电梯的时候，让我按电梯按键；回家的时候，让我第一个进家门；有人敲门时，让我来开门；我摆好的玩具不要收掉……"时，请不要觉得孩子只是随便说说，然后不把孩子的话当回事。要知道，这是孩子在建立秩序感，家长要对这种秩序感保持尊重和配合。切勿随意破坏孩子建立的秩序感，或强迫孩子按照你的习惯行事，因为这会伤害孩子的内心，破坏孩子内在的秩序感，使孩子丧失安全感，影响孩子顺利度过秩序敏感期。如果你不慎破坏了孩子的秩序感，请记得向孩子道歉，然后耐心地配合孩子重建秩序感。

4.引导孩子尊重别人的规则和秩序

有一次，苏女士带儿子去闺密家做客，进门换拖鞋的时候，儿子非要把鞋子放在鞋柜里，而闺密家的鞋子是放在鞋架上的。结果，儿子僵持了半天，非常不开心。苏女士告诉儿子："这不是我们家，阿姨家的鞋就是放在鞋架上的，这是人家的规矩，我们来她家里做客，就应该尊重她家的习惯。"孩子似懂非懂地点了点头。

处在秩序敏感期的孩子自我意识很强，常常表现得以自我为中心，什么事情都要按自己的意思去办，他们不理解别人想的和做的为什么和自己的不一样。所以，家长不妨多带孩子与外界接触，让孩子明白别人也有自己的秩序，我们要经常让孩子与外界接触，让他明白别人也有自己的秩序，不应该破坏别人的规则。这才是家长对处于秩序敏感期的孩子应做的引导。

执拗敏感期（3～4岁）：
理性看待孩子的"任性"和"胡闹"

典型案例

（一）

一天早上，3岁多的小健去上幼儿园前要找他的蓝色小汽车，可是找了半天还是没找到。妈妈给他一只黄色的小恐龙，他说不要；妈妈给他一节绿色的小火车，他也不要。他还生气地把小恐龙和小火车扔在地上，摆出一副"没找到蓝色小汽车就不去幼儿园"的架势，妈妈气不打一处来，对着小健的屁股就是一顿打……

（二）

4岁的诗诗和好朋友雨萱在小区的空地上玩耍。诗诗很喜欢雨萱的白雪公主玩偶，雨萱说："如果你能背出昨天老师教的古诗，我就把白雪公主给你。"诗诗太想得到那个白雪公主了，于是努力地回想那首诗，然后认真地背了出来。

结果，雨萱说话不算数，紧紧地抓住玩偶说："我不能给你。"诗诗很激动地说："你刚才明明说了，只要我背出来你就给我的。"可雨萱还是抓着玩偶不放手，然后趁诗诗不备，转身就跑掉了。

诗诗很伤心，她哭着跟妈妈说："雨萱是个大骗子，说话不算数，她那样是不对的……"妈妈安慰诗诗说："别伤心，妈妈给你买一个一模一样的。"可诗诗却执拗地说："我不要，我就要雨萱那个白雪公主，我就要那个，现在就要……"

很多家长都有这样的育儿经历：孩子到了三四岁的时候，特别容易因为一些小事而固执己见、哭闹不止，和父母对着干。有些家长可能不解：为什么孩子那么固执呢？为什么有些小问题在孩子眼中就像触犯了法律一样不可饶恕呢？其实，这是因为孩子进入了执拗敏感期，有了自己的一套行为标准和处事原则。家长要理解孩子的执拗行为及行为背后的心理，尽量别和孩子硬碰硬。否则，对孩子的成长是不利的。

概念和表现

执拗敏感期是孩子在3～4岁这个年龄阶段，喜欢事事按他的想法来办，否则就会情绪失控，大哭大闹的特殊时期。对于自己不想做的事情，孩子也不会配合，经常出现"你让他向东，他偏向西"的现象。所以，这一时期的孩子给人的感觉是非常固执、执拗、不听劝，很难与之讲道理。

孩子处于执拗敏感期，常常有以下几个典型的特征：

特征1：我的事情我做主。

处于执拗期的孩子往往思维先于行动，喜欢按照自己的意图和要求做事，不管自己有没有做某件事的能力，先去尝试，先去做了再说。勺子都不怎么会用，就想用筷子，结果把饭菜洒落一地，然后就哭闹；不会穿衣服，非要自己穿，穿不上还恼火，发脾气……这就是这个阶段孩子的常态。

特征2：我不赞同你的意见。

三四岁的孩子经常表现出任性的一面，特别喜欢和大人对着干。你叫他快点儿走，他偏磨磨蹭蹭；你说肉很有营养，要多吃点，他偏说不喜欢吃肉；你说这个东西危险，不要碰，可他偏要去碰……反正大人说什么，他都不怎么愿意听，而且对自己的观点非常自信，总是认为自己是对的。

特征3：我最喜欢说"不"。

"不"大概是执拗敏感期孩子最喜欢说的一个字，你对他说："现在睡觉好不好？"他会说："不好。"你说："宝贝，吃饭时间到了，赶紧去吃饭！"他会说："不要。"但实际上，孩子说一套做一套，嘴上说"不"，行为却很诚实。比如，有个妈妈带孩子去吃快餐，因为一件小事，孩子哭闹不止，妈妈没好气地说："你还吃不吃汉堡包和炸鸡腿了？"孩子说："我不吃，就不吃。"可是当妈妈往快餐店走的时候，孩子乖乖地跟着进去了。

特征4：我的武器是"哭闹"。

处于执拗敏感期的孩子，很多要求和表现在大人看来是不可理喻的。比如，大晚上说想吃牛肉，你不满足他，他就无休止地哭闹；大冬天说要吃冰激凌，你不买她就发脾气。家长面对孩子的哭闹，多半以"投降"收尾，这更纵容了孩子的执拗行为。

深度解析

处于执拗敏感期的孩子，所表现出来的"叛逆""作对""自我"等，在很多家长看来是任性和胡闹的表现。但事实上，用执拗来形容更准确，因为这一时期孩子的自我意识爆棚，又不懂得变通，所以才会出现这种行为。想要从容应对孩子执拗的问题，家长一定要了解执拗敏感期的形成原因。

起初，孩子的心理并未达到执拗的程度，但由于自我意识的不断发展，孩子发现自己和世界并不是一体的，而是分离的。伴随着探索能力的不断增强，孩子发现自己能控制的事物越来越多，从而敢于向父母挑战，开始变得执拗和不妥协，这才有了与父母"作对"的反抗期。

受到秩序敏感期的影响，孩子对其内心建立起来的秩序深信不疑，甚至到了固执和执着的程度。一旦孩子内心建立起来的秩序遭到破坏，孩子就会产生强烈的不安，从而哭闹、反抗，这就是孩子的执拗行为。

4岁的利利吃饭时把饭撒了一地，惹得妈妈很不开心。于是妈妈大声吼了利利两句，结果利利一个人跑到房间生闷气。妈妈没有理他，不一会儿，他又出来了，但态度坚决地对妈妈说："你刚才吼我，把我吓到了，所以你必须向我道歉。"妈妈听后感觉很好笑，就是不肯道歉，结果利利大哭大闹起来。直到最后妈妈道歉，利利情绪才平复下来。

在这个案例中，利利就是因内心建立起来的"粗鲁是不礼貌的，你伤害了我，就要道歉"这一秩序被妈妈破坏了，才会坚持要求妈妈道歉，否则就大哭大闹，抗争到底。类似的情况在前文的诗诗身上也有表现，即好朋友雨萱说话不算数，破坏了她内心建立起来的秩序感，所以她很生气，很不安。如果家长了解孩子执拗敏感期形成的原因，就可以对孩子因势利导，与孩子和平相处，从而引导孩子顺利度过这一敏感期。

方法指导

那么，怎样对执拗敏感期的孩子因势利导呢？

1. 要理解，不要一味压制

对于执拗敏感期的孩子，家长最常用的应对策略是压制，想迫使孩子妥协、屈服。殊不知，一味压制可能引起孩子更激烈的反抗，而且容易导致孩子形成任性、纠缠不休、固执等人格特征。反之，一个喜欢自己做主、不肯妥协的孩子，长大后更容易成为性格独立、自信、有魄力的人。因此，家长要看到孩子执拗背后的好处。

那么，怎样应对孩子的执拗呢？建议家长抱着理解的心态，并做到具体问题具体分析。如果孩子执拗的事情是合理的，比如他坚持不让你给他穿衣服、穿鞋子，坚持认为"说话不算数"是不对的，"对人粗暴吼叫"是不礼貌的，那么你就应该肯定孩子的想法，顺从孩子的要求，放手让孩子去尝试，以此减轻孩子内心的焦虑不安。当然，这需要你保持足够的耐心，留出一定的时间听孩子诉说。如果孩子的执拗是不合理的，家长可以暂时不予理睬，等孩子情绪平复后，再跟他讲道理。

2. 要变通，学会巧妙诱导

教育孩子是需要方式方法的，尤其面对执拗敏感期的孩子，更要学会灵活变通，巧妙诱导。有位妈妈是这样做的：

3岁儿子死活不愿意洗手，妈妈给他一个非常漂亮的小勺子，说："你不洗手也没关系，用这个小勺子吃饭好了。这样手上的细菌就不会被你吃到肚子里了。结果，儿子高兴地用小勺子吃饭，但他发现有些菜用小勺子吃也不方便，于是他主动对妈妈说："我还是去洗手吧。"

从这个案例中可以看出，当妈妈顺从孩子的想法，给孩子一种变通的解决方案时，孩子就没有抵触情绪了，也就不那么固执了。而当孩子发现勺子吃某些菜不方便时，他会主动寻求解决的办法。可见，懂得变通很重要。

再比如，有个孩子每次出门都要自己按电梯，有一次妈妈见他太磨叽，就自己按了电梯，结果孩子哭闹不止，非要重新按一次。后来，妈妈变通了一下，每次出门主动提醒儿子按电梯，并告诉他注意安全，结果儿子变得温和多了。

变通的方式方法有很多，还可以给孩子选项，让孩子做决定。比如，孩子晚上迟迟不肯睡觉，如果妈妈强硬要求，往往只会引来孩子激烈反抗，倒不如给孩子两个选项："你是想先听一个故事再睡觉，还是想先看一集动画片再睡觉呢？"这样孩子的注意力就会集中到这两个选项上，很容易从中做出一个选择，从而避免和孩子争执不下。

3. 要帮助，不要冷嘲热讽

当孩子的坚持和执拗被证明不妥时，家长切勿冷嘲热讽，给孩子泼凉水。比如，孩子执意要自己穿衣服，可是穿了很久，也没有穿好，还一脸恼怒。这时家长千万别说："我早就跟你说过吧，你还不会穿衣服，可你偏不听，真以为自己很厉害呢！"而要说："穿不上没关系，妈妈愿意帮你。"这样可以让孩子明白，在自己做不到的时候，接受一下别人的帮助并不是什么丢人的事，以后孩子遇到麻烦了，也愿意向父母求助。

4. 要一致，不要唱红白脸

在教育执拗敏感期的孩子时，家长最好统一战线，而不要一个唱"红脸"，一个唱"白脸"。否则，就孩子闹起来时爸爸和妈妈的处理方式反差太大，很容易让孩子"钻空子"，不利于孩子顺利度过执拗敏感期。比如，女儿想要买玩具，大哭大闹，妈妈不同意，爸爸千万不要唱反调，说："不就是一个玩具吗，爸爸这就给你买。"这样下次女儿的需求得不到满足时，就可能会找爸爸哭诉了。正确的做法是，爸爸和妈妈一起温和地坚持，让孩子看到父母的明确态度。

追求完美敏感期（3.5～4.5岁）：
理解和尊重孩子的"不可理喻"

典型案例

（一）

3岁多的琪琪想吃糖葫芦，妈妈就给她买了一串。因为想知道糖葫芦酸不酸，妈妈就咬了一口尝尝味道。琪琪见此大哭大闹起来，说什么也不吃那串糖葫芦了。最后，妈妈只好再买了一串"赔"给琪琪。

（二）

一位妈妈反映说："4岁的儿子最近变得有些奇怪，对自己的要求越来越高。他画画的时候，只要一笔没画好，就要求换一张画纸重新画；叠纸飞机的时候，他不小心把纸撕掉了一角，就要求换张纸重新叠。重新叠后，他又发现纸有些褶皱，便气恼地拍打桌子，说：

148

'我总是叠不好！'见此情景，我只能安慰他，他却觉得自己犯了一个大错……"

细心的家长肯定会发现，不知从什么时候开始，孩子做事特别要求完美：

端水时不允许洒出一滴，否则会很痛苦；吃的水果要求最大、最光亮、没有疤痕和斑点，否则一定要换掉；妈妈咬过一口的馒头或香蕉，孩子拒绝继续食用；画纸不能有任何折痕，画的不满意就要在新的纸张上重画；用过的东西一定要放在原地，不能挪走；规则人人都要遵守，有人不遵守，孩子就看不惯；垃圾必须扔进垃圾桶，没有垃圾桶就必须拿着……

如果家长把这些行为视为孩子任性、无理取闹，那只能说家长不懂孩子。事实上，这些行为预示着孩子进入了追求完美敏感期。

概念和表现

在执拗敏感期之后，孩子追求完美的敏感期就会接踵而来，通常出现在孩子3.5~4.5岁，这一时期的孩子事事苛求完美，这一时期也被称为追求完美敏感期。在追求完美敏感期内，孩子通过关注事物外形的完整与完美，可以获得精神上的愉悦和满足。这一时期，任何孩子认为的不完美都很难被接受，他们不仅对物品的外形要求完美和完整，如水果不能有斑点，画纸不能褶皱，还会上升到对规则的要求，如红灯亮了，即使马路上没有一辆车，孩子也不会过马路。就算已经走出去了几步，也要退回来等到绿灯亮起再走。

深度解析

追求完美是孩子心智发育到一定程度后才会出现的一种行为，是孩子重复工作的动力和兴趣点，它表现为孩子喜欢某一项工作，对这项工作产生高度的兴趣。在感兴趣的同时，孩子通过不断的重复练习建构自己，提升操作的精确度和完美度，最终达到完美。

在追求完美的过程中，孩子会产生强烈的自豪感，也会感到喜悦。对于孩子的这种行为，家长应该感到高兴，因为孩子的精神世界正在走向丰富和深入。一方面，孩子发现了完美与缺憾之间的差异，这是审美认知的一大进步。正如一位心理咨询专家所说的那样："孩子在完美敏感这个阶段发现了'完美'和'缺憾'之间的差异，也是进步的表现。"因为追求完美，孩子可能在做任何事情时都更认真、更细致。

另一方面，因为追求完美，孩子可能不懂得变通，在日常生活和游戏中表现得"一根筋""固执"，缺乏灵活性。而这种思维模式一旦形成习惯，对孩子将来的思维模式和行为方式都会产生深刻的影响。

完美敏感期的孩子天然具备认真、细致、专注等优秀的品质，家长只需给孩子肯定、鼓励和适当的引导，满足孩子追求完美的心理，孩子就能产生"完美自律"，而这是优秀者均具备的品格。要知道，优秀的人都是自律的，有着超强的自我管理能力，他们或多或少都会受到完美敏感期的影响。

方法指导

那么，家长应该如何引导孩子度过追求完美敏感期呢？

1. 理解孩子追求完美的行为

三四岁的孩子追求完美，通常表现为对周围事物的完整性有要求，如东西不能掰开吃，不允许有瑕疵；对自己做事的效果也有要求，比如鞋子摆放不整齐就要重新摆，衣服没有叠好就要重新叠；在规则秩序方面表现得也特别执拗，近乎疯狂地遵守规则。

对于孩子这些追求完美的行为，家长千万不要乱给孩子贴标签，不要给孩子乱下定论。比如，"你真是个不懂事的孩子！""你真是太任性了！""你真的是不可理喻！"正确的做法是，本着理解的心态去接纳，不要责怪孩子小题大做、无理取闹，要尽量顺从孩子的心理，给孩子完整、完美的物品。别担心，这样做不会宠坏这个时期的孩子。

举个例子，当孩子不要带有缺口的饼干时，家长不妨给他换一块；当孩子想挑选自己喜欢的衣服时，家长不妨答应他，即使孩子选的衣服不那么合适。当然，家长可以告诉孩子："你要为自己选择的东西承担后果。"比如，告诉孩子"天冷了穿裙子容易受凉感冒"，如果孩子继续坚持，那就让孩子去体验、去承担可能的后果吧。

2. 倾听孩子追求完美的心声

处于追求敏感期的孩子非常在意周围的事物是不是完整的，是不是有缺陷的，如果不完整，他就会感到不安和焦虑，就会想办法去弥补缺陷。这时家长要耐心地倾听孩子的哭诉，不要强行制止，也不要急着去安慰他。要等孩子把不良情绪释放出来后，再简洁明了地告诉孩子无法达到他心目中完美状态的原因。

3. 给孩子一个完美的参照物

追求完美敏感期的孩子，心中往往都有一个完美的标准。如果孩子没有这个标准和参照物，很可能就用"尽善尽美"来要求自己，这样就会很痛苦，当做不到尽善尽美时，孩子可能会自暴自弃。

面对这种情况，家长一定要给孩子正确的引导，通过降低他心目中"完美"的标准，让孩子紧绷的神经得以放松。家长可以告诉孩子："妈妈像你这么大的时候，连画笔都没有呢，所以你能画成这样，已经超乎我的想象了。""爸爸像你这么大的时候，连纸飞机都不会叠呢！你已经很厉害了。"这样既可以帮孩子树立一个完美的参照物，又能激励孩子，从而增强自信心。当然，家长也可以帮孩子分析问题、总结经验，引导孩子寻找提高的方法。

4. 用绘本故事对孩子进行引导

面对追求完美的孩子，家长越是来硬的，越是难以奏效。正确的做法是，用绘本故事对孩子进行渗透，只讲故事，不说道理，给孩子潜移默化的影响，让孩子慢慢去感悟。比如，美国绘本作家希尔弗斯坦就著有多本关于"完美"与"缺憾"的寓言绘本，能够让家长和孩子受到极大的启发，适合家长陪着追求完美敏感期的孩子一起阅读。

空间敏感期（1~6岁）：
让孩子多玩一些乐高和积木类玩具

典型案例

（一）

1岁多的军军喜欢往洞洞里塞东西，一些有洞洞的小玩具、笔筒，都被他塞进了卫生纸。妈妈带他出门散步时，他见到井盖上的小洞洞特别兴奋，会将小石头、树叶等从洞眼儿塞进去。塞洞洞成了他每天的乐趣，妈妈虽然没有阻止他，心里却满是疑惑。

（二）

3岁的瑶瑶喜欢用积木垒城堡，可是她总是把较小的积木放在下面，把比较大的积木放在上面，然后一块又一块地往上垒。妈妈并没有提醒她这种垒法不对，而是任凭她继续垒高，结果城堡还没垒好，就轰然倒塌了。可她并没有失望、懊恼，反而高兴地拍起小手，继续垒城堡。

有一次瑶瑶垒城堡时似乎有点儿犹豫，好像在思考先放哪块才好？这时，妈妈指着大一点儿的积木说："这块大的，先放大块的城堡才不容易倒塌。"在妈妈的指点下，瑶瑶终于成功垒起了一个大城堡。

看着高高的城堡，瑶瑶又忍不住推了一把，随着"哗啦"一声响，积木散落一地。瑶瑶又高兴地从头垒起，这次她已经知道先把大块的积木放在下面了。

孩子为什么喜欢往洞洞里塞东西？为什么喜欢垒高又推倒？为什么喜欢花样式下楼梯？为什么喜欢钻到桌子底下、床底下和被窝里？为什么喜欢从高处往下跳？这些行为背后到底有什么秘密呢？其实，这一切都与儿童的空间敏感期有关。

概念和表现

孩子从1岁左右开始对空间探索感兴趣，一直会持续到6岁，这一阶段就是孩子的空间敏感期。这一时期，通过对空间的不断体验和探索，孩子会逐步把自我与现有的物质世界结合在一起。

随着孩子年龄的增长，空间敏感期会有不同的表现形式：

1岁前，孩子的空间感表现为把这个物体与那个物体分离开。所以，孩子喜欢把东西从高处扒拉到地上，找到后再拿到高处扒拉下来，在不断重复这个动作的过程中感受最初的空间概念。

1岁后，孩子会发现一个空间有"里"和"外"的概念。比如，小洞里可以塞东西，也可以把东西从小洞里取出来。所以，孩子喜欢翻抽屉，把里面的东西拿出来，再装进去。

慢慢地，随着感知空间的能力不断发展，孩子开始喜欢不断垒高、推倒、再垒高、再推倒，这一阶段对空间的感受过程，是孩子智能发展的关键时期。

接着，孩子开始对狭小、细小的空间感兴趣，喜欢钻到衣柜里、桌底下玩耍，躲猫猫是这个阶段孩子最感兴趣的游戏。

再往后，孩子会对爬高产生浓厚的兴趣，喜欢爬窗台、桌子、楼梯、栏杆，而且会琢磨出一套安全稳妥的爬高技巧，即先用手试探，再用腿去尝试。这是孩子运用身体，把握空间感的过程。

经历了爬高阶段后，孩子的空间感和对身体的控制能力会得到很大的提升，便开始喜欢从高处往下跳。通过不断挑战和征服新的高度，孩子的空间感知能力和对身体的把握能力会变得越来越强。

深度解析

在空间敏感期内的一次次探索和体验，是孩子不断创造自我、突破极限的过程，可以为孩子未来的发展奠定重要的基础。但这一时期孩子的探索行为往往让家长感到紧张，因为孩子总是做一些在家长看来很危险的事情，比如，爬高、爬栏杆、从高处往下跳等。家长会被孩子的这些行为搞得筋疲力尽，但又无可奈何。于是，家长想到了最安全也最省力的办法，那就是约束孩子的行为，不允许孩子爬高、爬栏杆、从高处往下跳等。

然而，儿童发展心理学研究结果表明，这种做法是不科学的。因为在空间敏感期的背后，隐藏着孩子空间探索的需求，家长约束孩子的行为会导致孩子这种需求得不到满足，从而影响孩子心理健康成长和智力开发。

事实上，孩子看似鲁莽的空间探索行为并不需要家长去担心和限制，因为心理学上有一个著名的"视崖实验"早已证明了孩子对环境的把握是有天然的自卫意识的。因此，家长与其阻止孩子进行空间探索，或没完没了地唠叨，不如做孩子背后的那个默默的支持者、欣赏者和保护者，并适当提醒孩子一些自我保护的注意事项。

方法指导

具体来说，家长可以创造条件，鼓励和支持孩子玩以下几种游戏来度过空间敏感期：

游戏1：你扔我捡

道具：不容易摔碎的物品，如布娃娃、毛绒玩具、塑料制品、橡胶制品等。

玩法：可以在床上和孩子扔布娃娃、毛绒玩具，也可以在客厅的垫子上坐着扔、站着扔，还可以在公园的草坪上扔。家长把物品扔出去，让孩子去捡，孩子捡起来后扔给家长，家长再扔给孩子，如此重复。

意义："你扔我捡"这个游戏是孩子感知空间的一种方式，当孩子发现一个物体与另一个物体是分离的，便喜欢把手中的物体扔出去，以此来体验"物体与物体分离"这一发现的奇妙。

注意事项：

（1）有些物品不适合扔来扔去，如玻璃制品、尖锐物品、较重的物品。

（2）扔物品的时候，家长要注意轻重，切勿太用力，还要避免扔到孩子脸上，砸到孩子。

游戏2：插孔

道具：带盖子的饮料瓶、空牛奶盒子、吸管。

玩法：给孩子准备带盖子的饮料瓶，让孩子尝试盖瓶盖。或给孩子准备空牛奶盒子和吸管，让孩子插吸管。

意义：不要小看盖瓶盖、插吸管这样简单的插孔游戏，其实可以训练孩子手与眼的协调能力，锻炼孩子的手部肌肉，培养其专注力，还能满足孩子探索空间的心理需求，让孩子心智与动作共同发展。

注意事项：把吸管的尖头剪成平头，避免孩子插孔时不慎插到皮肤，特别是插到眼睛。

游戏3：垒高

道具：积木、塑料凳、纸盒子等一切不易碎的物品。

玩法：垒高游戏很简单，只需把那些不易碎的物品堆积起来，垒得越高越好。除了让孩子独立垒高，家长还可以和孩子一起做垒高游戏。或者和孩子进行垒高比赛，看谁垒得最快、最高、最稳。当然，孩子喜欢垒高又推倒，感受倒塌的过程。对此，家长不妨和孩子一起欢呼雀跃。

意义：垒高的过程是孩子感受空间魅力的一种过程，可以让孩子了解更多的空间概念。在垒高的过程中，孩子拿起又放下积木，能锻炼其手部肌肉的控制能力，还能锻炼孩子眼、手、脑的协调能力。

注意事项：

（1）用于垒高的物品一定要保证安全。玻璃、陶瓷、金属等材质的物品在倒塌的时候容易破碎，容易砸伤、扎伤孩子，这类物品一定要收起来，避免孩子拿去玩垒高游戏。

（2）在垒高的时候，家长可以引导孩子想办法把物品垒得更高，比如靠墙垒，或把大的物品放在底下，轻的、小的物品垒在上面。

（3）垒高推倒的时候，要提醒孩子注意安全，避免推倒的物品砸在自己身上。

游戏4：躲猫猫

道具：家里任何一个可以躲藏的地方，如门后面、窗帘后面、床底下、被子里、桌子底下、衣柜里等，还可以自创孩子躲藏的东西，如纸箱子、帐篷、大的收纳桶。

玩法：通过和孩子一起玩躲猫猫的游戏，让孩子躲，家长找的方式，使孩子尽情地体验到躲藏的乐趣。

除了躲猫猫游戏，家长还可以把布娃娃、毛绒玩具等物品藏起来，让孩子去寻找。或用纸箱搭山洞和隧道，让孩子从纸隧道中间钻过去。或给孩子一些泳圈或者轮胎之类的物品，围起一个小的空间，让孩子在里面玩儿。或用帐篷、大玩具收纳箱做一个密室，孩子藏进去蹦出来，可以自娱自乐很久。

意义：躲猫猫是孩子探索空间的一种方式，在躲猫猫的过程中，孩子的动作协调能力和空间感知能力都可以得到有效的训练。孩子喜欢大小空间交替所带来的快乐，而在躲猫猫的过程中，孩子要不断地更换躲藏的地点，才能避免轻易被人找到。这也能促使孩子思考"躲在哪里才安全"，从而寻找更为隐蔽的躲藏点，并在躲藏的时候保持安静，这也能训练孩子对身体的控制力。

注意事项：

（1）有些家长见孩子动不动就躲起来玩失踪，会责怪孩子太调皮。其实，这是不了解孩子空间敏感期的心理。下一次，见孩子躲起来玩失踪时，不妨一边和孩子对话："宝贝，你又躲到哪里去了？我来找你啦，你可别出声啊！"然后认真地找孩子。

（2）家庭全动员，和孩子一起玩躲猫猫的游戏。在孩子看来，躲猫猫十分有趣，但有些家长可能觉得这个游戏很无聊。尽管如此，为了孩子更好地探索空间，家长不妨多配合一下，经常和孩子一起躲猫猫，孩子会很开心，亲子感情也会增强，而且能满足孩子探索空间的需求，何乐而不为呢？值得一提的是，找孩子的时候家长可以先假装找不见，多找几圈，这样孩子会玩得更开心。

（3）检查家里孩子可能躲藏的各种地方，排除任何可能的安全隐患，避免孩子被扎伤、砸伤等。

游戏5：攀爬

道具：户外的小山丘、树林。

玩法：孩子到了四五岁，家长可以在天气晴朗的日子，带孩子去户外探索，如爬树、爬山、丛林探险等。家长可以给孩子选择一棵树身比较光滑、主枝离地较低、开叉较多的树，协助孩子往上爬。

意义：在爬树的过程中，可以训练孩子全身的肌肉力量和身体的协调性，尤其是手脚并用的能力，还能让孩子感受从高处往下看的空间感。

注意事项：

由于四五岁的孩子四肢力量有限，在爬树的时候，家长一定要在一旁保护孩子，甚至要抱着孩子或托住孩子的屁股，孩子才能爬上去。

游戏6：高空跳跃

玩法：较厚的海绵垫，或跳草坪。

玩法：准备一块较厚的海绵垫，放在客厅里，让孩子从沙发上往垫子上跳。或去公园里，从高处往草坪上跳，如果没有合适的地方跳，家长可以准备一个凳子，让孩子从凳子上往草坪上跳。

家长可以把孩子抱起来，用力地举起来，甚至可以抱着扔起来再接住。还可以让孩子从床上、沙发上腾空跳下来，然后家长双手在空中抓住孩子。当然，这两种玩法需要家长有较强的力量，且和孩子配合默契，否则可能有安全隐患。

意义：高空跳跃可以尽情地感受飞跃的感觉，充分满足孩子的空间感。

注意事项：

无论是孩子往海绵垫上跳，还是从凳子上往草坪上跳，或是家长把孩子举高、把孩子扔起来再接住或在空中接住跳跃的孩子等，都要注意排除安全隐患，做到万无一失。

社会规范敏感期（2.5～6岁）：
多让孩子参加群体活动

典型案例

（一）

浩浩两岁多了，虽然还没有上幼儿园，但是他特别喜欢幼儿园，妈妈每天下班后都会带着他到附近的幼儿园玩一会儿。因为那里有一些游乐设施，如滑梯、秋千、跷跷板，更重要的是，幼儿园放学后还有一些小哥哥小姐姐在那里玩，每次浩浩和他们玩耍后都会很开心。刚开始浩浩还不会主动交朋友，可是和这些小哥哥小姐姐接触多了，他渐渐学会了如何介绍自己，如何和别人交往。

（二）

3岁的莉莉上幼儿园了，第一周她不适应幼儿园里的环境，每次去幼儿园时都磨蹭着不肯进去，有几次还哭哭啼啼地拉着妈妈不让走。可是一周后，莉莉就喜欢上幼儿园了。莉莉说她特别喜欢和小朋友们一起做游戏，而且她还在幼儿园交到了许多新朋友，妈妈也为她感到开心。

2岁半以后，孩子会突然变得喜欢结交朋友，喜欢参与群体活动，也逐渐变得善于分享。其实，这是孩子的社会规范敏感期到来了。

概念和表现

社会规范敏感期，是指孩子对社会规则和社会规范感兴趣的时期，一般从2.5岁持续到6岁，特点是孩子开始对群体活动产生较为强烈的愿望，与他人交往的主动性明显增强，喜欢结交朋友，喜欢参与群体活动。这个阶段的孩子在社会交往中，会逐渐将社会规范内化为自己的行为标准，并用它来约束自己及他人的行为。因此，这个阶段是孩子认识、理解以及学习社会规范的最佳时期。

深度解析

孩子在2岁半左右时，会逐渐从依赖父母和以自我为中心的心理模式脱离，开始关注身边的同伴。为了赢得同伴的青睐，孩子会慢慢修正自己不恰当的行为，使交往变得顺利起来。在与同伴相处的过程中，孩子开始学习与他人分工合作，这些都有助于孩子学会遵守社会规则、生活规范。

为了让孩子更好地在人际交往和群体活动中成长起来，这一时期家长应该把孩子送入幼儿园，为孩子提供良好的交友环境，让孩子在幼儿园中学会如何与他人交往、沟通，学会遵守规则、社会规范，学会生活自理和礼仪、礼貌等。

有些家长认为，孩子在幼儿园不过是让老师看着玩耍，所以并不重视孩子上幼儿园这件事。更有一些老人为了省钱，认为自己可以帮助带孩子，没必要把孩子送入幼儿园。其实，这种想法很容易耽误孩子的成长。

有这样一个例子。一个非常可爱的小女孩，已经到了上幼儿园的年龄，可家长并不在乎她上幼儿园这件事。可能是家庭条件不太好的原因，父母和爷爷奶奶觉得不上幼儿园对孩子也没多大影响，"反正都是玩儿，不如在家里让奶奶带着玩儿。"这样可以节约开支，而且家人看着也放心。

结果，小女孩到了5岁的时候才被送去幼儿园，可是平时活泼可爱的小女孩，到了幼儿园却不知道怎么和小朋友们相处。而且小女孩的很多行为还让小朋友们感到厌烦，比如滑滑梯、吃饭的时候不排队，做游戏的时候不遵守游戏规则等。这令幼儿园老师以及女孩的家长感到很头疼。

孩子每个阶段的成长只有一次，家长千万别错过孩子每个阶段的成长机会。否则，一旦错过，很难弥补。所以，一定要重视孩子的社会规范敏感期，给孩子正确的引导，让孩子顺利地从家庭生活过度到群体生活。

方法指导

那么，到底应该怎样帮孩子顺利度过社会规范敏感期呢？以下几个方法值得参考：

1.给孩子创设与人交往的环境

对于从小生活在高楼大厦中的孩子而言，平时交往最多的是家人，特别是一些独生子女，从小缺少玩伴，缺少群体活动的锻炼，不知道怎么与他人相处。因此，在孩子进入社会规范敏感期后，家长要设法给孩子创造丰富而适宜的社会活动的机会。除了让孩子在适龄期进入幼儿园外，家长还可以这样做：

（1）多带孩子去邻居、亲戚和朋友家串门，鼓励孩子与他人打招呼，让孩子与更多的小朋友交往，满足孩子交往的需求。

（2）经常带孩子去游乐场、公园、广场这些小朋友比较多的地方，给孩子创造与同龄人交往的机会。

（3）带孩子参加聚会、演出等社会性活动，给孩子讲授生活规范、日常礼节，使其能够遵守社会规范。

（4）家长们也要保持开放的心态，多与邻居、同事、朋友交流，以实际行动带给孩子正面的影响。

2.教孩子学习具体的社交方法

在社会规范敏感期，孩子仅有与人交往的一腔热血，仅有参与群体活动的意愿是不够的，家长还需要教孩子一些具体的社交方法，让孩子更顺利地与人打交道，赢得他人的喜爱。比如，当孩子想要加入一群小朋友的游戏时，可以教孩子友好地发问："大家好，我可以加入你们的游戏吗？""我想和你们一起玩，可以吗？"当孩子与别人争抢玩具时，家长要引导孩子谦让和分享，比如，"你想玩这个玩具，可以和小朋友商量轮流玩！"家长还可以教孩子使用礼貌用语，如"谢谢你""不客气""对不起""没关系"等，让孩子成为一个讲文明礼貌、热情主动的人。

3.帮孩子将社会规范内化于心

在社会规范敏感期，最重要的是帮孩子将社会规范内化于心，外化于行。家长可以通过和孩子玩角色互动游戏，将一些行为和社会规范的内容融入进去，或和孩子一起唱关于社会规范的儿歌，来加深孩子对社会规范的理解和认识。

在这里，向大家推荐一个名叫"运沙包"的游戏。这个游戏的目的是告诉孩子"人多力量大""团结就是力量""团结更容易成功"的道理，还可以让孩子明白什么是规则，如何遵守规则。家长可以找几个沙包或代替沙包的小球作为道具，先给孩子示范游戏的玩法，然后再让孩子参与进来。

家长可以把游戏规则设置成两人一组与一人一组进行比赛。刚开始，妈妈和孩子一组，爸爸一个人一组，让孩子与妈妈合作把沙包运向一边，一次只能运一个。很显然，两个人运得快，能够战胜一个人。然后，爸爸妈妈一组，孩子自己一组。结果，孩子肯定会输。为了避免孩子接受不了输的结果，家长有必要先跟孩子讲明游戏规则。

等孩子输了之后，家长要及时跟孩子讲解游戏的道理，这样孩子会理解得更透彻。

和孩子玩游戏，不仅可以让孩子玩得开心，还可以让孩子学习游戏规则、遵守游戏规则，这样孩子以后就更懂得遵守社会规范。

4.引导孩子正确化解交际纠纷

孩子在与人交往的过程中，难免会出现摩擦、矛盾、纠纷，如和小朋友争抢玩具、游戏中不小心发生推搡、因某个问题争吵甚至打架等。对于这些纠纷，家长没必要小题大做，粗暴地干预孩子之间的纠纷和争吵，对自己的孩子或别人的孩子吼叫。也不宜挺身而出去解决问题，或者对双方各打五十大板。这样都不利于培养孩子处理人际纠纷的能力。

明智的做法是，和孩子一起讨论化解纠纷的策略，引导孩子学会换位思考、接纳他人，帮孩子确立适宜的社会规范。当然，如果孩子之间发生激烈的肢体接触，家长应及时将双方拉开，让双方冷静下来，再了解事情的原委，对孩子进行引导和教育。

第6章

社交敏感期：
让孩子多和小朋友玩耍

孜子3岁后，开始摆脱"自我"，逐渐融入朋友、群体中去，这一时期的孩子非常热衷于群体活动，喜欢和小朋友玩耍。这一阶段就是孩子的社交敏感期，它不仅关乎孩子社交能力的发展，还会对孩子将来的人际交往造成深远的影响。因此，家长应该抓住这一敏感期引导孩子遵守各方面的规则，学习社交礼仪，养成分享的习惯等。

人际交往敏感期（3～5岁）：
教给孩子与人相处的方法和礼仪

典型案例

（一）

最近一段时间，3岁多的文昊很喜欢带零食和玩具去幼儿园。据老师反映，文昊在幼儿园特别喜欢和小朋友交换玩具和分享零食，人际关系挺好的。

妈妈也发现文昊在小区里玩的时候，会主动拿出零食和玩具跟小朋友分享或交换，并问对方："我可以和你们一起玩吗？"如果对方同意了，文昊会开心地和他们一起玩。如果对方拒绝了，文昊会表现得有些失落，还会跟妈妈说："他们不跟我玩。"

不过，时间久了，文昊就总结出了经验，也学会了一些与小朋友交往的技巧。

（二）

结束了一天的幼儿园生活，周女士接女儿回家，路过一家母婴店时，女儿拉着她直奔店内的玩具区。女儿一边看着琳琅满目的玩具，一边跟妈妈说："我想买个变形金刚送给浩浩，还想买个小猪佩奇送给琴琴。"

周女士答应了女儿，并且对女儿说："我可以先借钱给你买玩具，回到家你要用自己存钱罐里的零钱还我。"女儿答应了。走出母婴店，女儿拿着自己挑选的玩具，开心地说："皓皓和琴琴一定会喜欢我给他们挑选的玩具。"

两个案例中的孩子都到了开始通过玩具来与小朋友建立关系的阶段，这表明他们进入了人际交往敏感期。而两位家长的态度，则有利于帮助孩子顺利度过人际交往敏感期。

概念和表现

人际交往敏感期，是指孩子对人际交往表现出强烈愿望的特殊时期，通常发生于孩子3～5岁这个阶段。在这个阶段，孩子与人交往是从食物的交换开始的，然后发展到玩具的交换和分享，再到追求相同的兴趣和爱好，继而相互理解、产生友谊，最后彼此的关系达到和谐的状态。

具体来说，孩子在人际交往敏感期要经历三个心理阶段：

阶段1：通过食物与人产生连接

孩子3岁后就有了和别人交往的需求，刚开始他们心里会有疑惑：我没有朋友，我渴望和别人交朋友，但是我不知道怎么交朋友。接着，他们首先会想到通过食物与人产生连接，"我跟你分享好吃的，你和我做朋友吧！"但是当好吃的东西吃完后，友谊往往就结束了，于是他们明白了一个道理：食物并不是维系友谊的手段。然后，他们就会找一个不会消失的东西和别人建立关系，这种东西通常是玩具。

阶段2：通过玩具与人建立关系

从玩具的分享到交换，再到赠送玩具，这个阶段可能会持续几个月的时间。但是玩具的交换和分享结束后，彼此的关系还是会结束。这让孩子意识到玩具也不能维持长久的交往关系。

阶段3：寻找志趣相投、相互理解的朋友

伴随着成长，孩子会慢慢意识到零食和玩具都不能维系真正的友谊，最终他们会发现真正的友谊是和谐的、平等的人际关系。正如《捕捉儿童敏感期》一书的作者孙瑞雪说的那样："儿童最终会发现，真正的朋友建立在志趣相投、彼此关爱、相互理解和相互倾听的基础之上。"

比如，两个男孩由于爱好相同，经常在一起玩，之后会邀请彼此到家里玩，逐渐建立起稳定的人际关系。同时，由于兴趣相同，并且经常聚在一起，双方就容易找到新的游戏，这样合作意识就产生了。这是社会角色不同造成的结果，也是儿童自然的表现，最终孩子会发现真正的朋友是建立在志趣相投、相互理解的基础上的。

在这种人际关系中，孩子之间是平等的，他们能够慢慢学会承受、判断，学会怎样和别人说话，怎样换位思考、关心别人，也能学会遵守游戏规则，并开始了解自己和他人的基本权利，这就奠定了人际交往的基础。

深度解析

在人际交往敏感期，我们能够看到两种不同类型的儿童：一类是对物感兴趣，一类是对人感兴趣，或者说对规则感兴趣。对物感兴趣的孩子会因对某一事物的兴趣而聚在一起，比如一起玩小汽车，一起玩机器人，一起玩纸飞机，他们对人与人之间的关系不感兴趣。他们会认为，反正和谁玩都是玩，玩大家都感兴趣的东西就行。

这类孩子在与人交往的过程中，会有较为复杂的心路历程，有渴求物质交换时的焦虑，也有交换未成功时的失落，还有交换成功后的喜悦，以及交换后的后悔和难过。直到有一天，孩子发现真正的朋友是建立在志趣相投、相互理解和相互倾听的基础上，孩子的内心才会达到平和、舒适的状态。

对人感兴趣的孩子，会通过人与人之间的关系来发展，比如，早期会出现控制与被控制的关系。孩子A被孩子B控制了，孩子A会依附于孩子B。几个月后，孩子A发现依附会让自己无法独立，心里不舒服，就会开始争斗，出现反控制和反依附。又过了几个月，孩子发现人与人之间的和谐关系要靠规则来构建，于是他们就会达成某种"约定"。

有个男孩和女孩是同一个幼儿园的，男孩到女孩家里玩，男孩要当狮子王（动画片《狮子王》中的角色），女孩不同意。两人发生争执，闹得很不愉快。大人帮忙协调说："男孩当狮子王，女孩当娜娜，这样最合适。"没想到大人的提议惹怒了女孩，女孩说："不能因为我是女的，就让我当娜娜，这是不公平的。"

几天后，男孩又来女孩家玩，两人玩得很开心。父母就问女孩："你们是怎样解决谁当狮子王的问题的？"女孩说："这很简单，如果他来我家玩，我就当狮子王；如果我去他家玩，他就当狮子王。"显然，这是他们之间的游戏规则。

这个案例很好地说明了处在人际交往敏感期中，对人感兴趣的孩子是怎么处理控制与被控制这个问题的。当两个孩子，你无法控制我，我也无法控制你时，双方达成了某种共识，约定了某种规则，那么一个建立人际关系的周期就画上了圆满的句号。事实上，只有对人感兴趣或对规则感兴趣的孩子，才容易找到志同道合、相互理解和相互关心的朋友，才能与人和谐相处。

方法指导

人际关系敏感期是孩子成长过程中的一个重要阶段，家长一定要重视，给孩子支持和指导，帮孩子顺利度过这一时期，这样孩子在今后的人际交往中才会游刃有余。

1. 家长要用实际行动影响孩子的人际交往

在人际交往方面，家长对孩子的影响非常大。如果家长平时爱交朋友，喜欢去亲朋好友家串门，并经常带着孩子一起去，或和邻居相处融洽，见面热情打招呼，有困难相互帮忙，那么就容易给孩子带来积极的影响。

另外，家长如果经常问孩子："你今天在幼儿园和小朋友相处得开心吗？""有没有交到新朋友？""你愿意邀请好朋友来家里玩吗？"孩子也会在潜意识中明白父母是鼓励他积极与人交往的。这样也能促进孩子更积极、更热情地投入人际交往中去。

2.别用成人的价值观评判孩子的交换行为

处在人际交往敏感期的孩子，喜欢通过交换和分享零食或玩具来与人建立关系。对待孩子之间的交换行为，家长切莫用成人的价值观去评判孩子的交换行为，不必在意孩子"吃亏"或"占便宜"。因为家长的评价会让孩子担心吃亏上当，总是考虑值不值，这样不利于孩子敞开心扉与人交往，也不利于孩子的自我意识自由发展。

3.告诉孩子说话要算数，要信守承诺

在交换玩具或零食后，孩子有时候会后悔，想把原来属于自己的东西要回来。这时家长有必要提醒孩子："既然交换了，就要信守承诺，否则你会失去朋友。"同时，家长要引导孩子对自己的交换行为进行思考：下次怎样交换才不后悔？

4.不要轻易介入孩子之间的交往纠纷

在与人交往的过程中，孩子可能会遇到被拒绝、被冷落、被不公平对待，甚至被欺负的情况，遇到这些情况时，有些家长感到紧张，马上介入以维护自己的孩子。其实，家长大可不必紧张兮兮，完全可以以平常心对待。比如，孩子被人拒绝、被人冷落，感到伤心时，家长可以给孩子一些建议，教孩子用零食或玩具向对方表达好感；当孩子受到威胁和欺负时，家长可以在精神上给予孩子支持，鼓励孩子自信地面对。

家长要先让孩子去面对问题、处理问题，直到孩子需要大人的帮助时才介入。但介入的第一步不是直接告诉孩子怎么做，而是要先耐心倾听，让孩子说出感受，说出事情的原委，引导孩子找出人际关系中存在的问题。等孩子学会了遇到问题时找原因，解决问题时找方法，不断地积累处理人际关系的经验后，他就可以在人际交往中游刃有余了。

5.给孩子自信，让孩子具有不可替代性

生活中，我们发现有些孩子天生就是交际达人，他们身上有独特的魅力会吸引到别人，别的小朋友也愿意主动和他们说话。比如，这些孩子会才艺表演，愿意为大家做事情，懂得谦让，善于合作，会关心别人，喜欢助人为乐，等等。而有些孩子则比较沉默、内向，对于这类孩子，家长不妨鼓励孩子朝前看，努力提升自己的才艺，积极地付出，主动关心别人等，以更好的心态去交际。

当然，如果孩子不愿意这样做，而是喜欢独处，或者说在交际中属于被动的类型，喜欢别人来找自己，就像花朵静静开放，等待蜜蜂、蝴蝶过来欣赏一样，那么家长就不必太担心，不妨培养孩子的自信，通过阅读增长知识，让孩子变得更有内涵和魅力。这样也能吸引合得来的小朋友。

性别敏感期（4～5岁）：
巧妙地告诉孩子男孩女孩的差别

典型案例

（一）

两个闺密一起带着各自的孩子在公园的草坪上玩，其中一个孩子是女孩，另一个孩子是男孩，他们年龄都在4岁左右。玩了一会儿，女孩蹲下来尿尿，男孩则在一旁观察。一会儿，男孩对妈妈说："妈妈，她没有小鸡鸡，还蹲着尿尿。"女孩则低着头，一脸疑惑地看着男孩。

（二）

一天，女孩萌萌说什么也不肯蹲着尿尿，而要站着尿尿，还说："我们班男孩都是站着尿尿的，我为什么不可以？"妈妈听了这话，顿时哭笑不得。接着，妈妈从手机里找出男孩和女孩的生理结构示意图，指给萌萌看，并告诉她："男孩有'小鸡鸡'，可以站着尿尿，女孩没有'小鸡鸡'，如果站着尿尿，会把裤子尿湿的。"萌萌听妈妈这么一说，只好蹲下来尿尿。

我们在生活中可能遇到过这样的问题——孩子悄悄地趴在你耳边说："妈妈，告诉你一个小秘密，男孩有小鸡鸡，女孩没有小鸡鸡。"还有的男孩会这样问妈妈："妈妈，为什么我不能穿裙子？"遇到这类问题时，千万不要紧张，也不要觉得意外。因为孩子开始意识到男性和女性的身体是不一样的，他们会对异性的身体表现出兴趣，这标志着孩子开始进入了性别敏感期。

概念和表现

性别敏感期，指的是孩子在4～5岁这个年龄段开始对性别产生兴趣，开始思考男孩和女孩不同的关键期。其实，孩子在3岁之前如果没有接受父母关于性别的引导，是不太容易分清自己是男孩还是女孩的。在4岁左右，孩子逐渐对自己的身体产生兴趣，发现自己和爸爸或妈妈或班里的一些小朋友不一样，这才有了性别的概念，同时也就迎来了性别的敏感期。

深度解析

性别意识是孩子自我意识的一个重要组成部分，处在性别敏感期的孩子会对不同性别的身体和功能差异产生疑问，会通过各种方式积极地探索并认识自己的身体器官，并积极模仿同性别的成年人的行为，表现出符合该性别的行为。这些看似不起眼的表现，会对孩子以后的社会角色定位、家庭角色定位产生深刻的影响。

在性别敏感期的初期，孩子容易掌握生理上的性别差异，但他们还需要在心理上理解性别差异，理解自己在社会行为中扮演的相应角色，即性别和性别角色认同。由于生理上的性别和心理上的性别有时候并不完全一致，会让孩子感到困惑甚至痛苦，因此家长有必要帮助孩子认识性别和理解性别角色。

方法指导

1.坦然回答孩子关于性别方面的提问

近些年，家庭性教育的观念已经被广泛接受，但不可否认的是，仍然有一些家长不能坦然面对性教育这个话题。比如，当孩子当众问"妹妹怎么没有'小鸡鸡'"之类的问题时，有些家长会很不好意思，然后呵斥孩子："羞羞羞，有什么好问的？""丢死人了，以后不要问这个问题了。"这种教育方式会让孩子对性感到羞耻。

事实上，孩子提出性别方面的问题仅仅是出于好奇心，认识性器官与他们认识自己的眼睛、鼻子、手臂和头发没有任何区别。如果家长言辞闪烁，则会让孩子愈发好奇。反之，坦然地面对，坦诚地回答，则可以满足孩子的好奇心，打消孩子的疑虑，有助于孩子顺利度过性别敏感期。

在这方面，案例（二）中的妈妈就做得很好，她不仅坦诚地回答了女孩的疑问，还找出男孩和女孩的生理结构示意图给女儿看，这样孩子就很容易理解男女有别了。此外，家长还可以选择一些贴近孩子心理的动画片，让孩子从影视作品中了解生理知识。

2.理解孩子特殊时期的某些"异常"行为

处于性别敏感期的孩子会对异性小朋友格外友好和照顾，好吃的可能会优先给异性小朋友，而不是给同性小朋友。这种表现很正常，家长不要嘲笑孩子："小小年纪就知道讨女孩（男孩）喜欢了！"更不能给孩子扣上"小色狼"的帽子。这期间，孩子还喜欢观察异性小朋友的身体部位，观察妈妈或爸爸的身体，甚至触摸、玩弄自己的生殖器，对此家长不能盲目批评孩子，而要理解孩子这一时期的心理，满足孩子的好奇心，尽量专业、温和地引导孩子。

妈妈发现，4岁的童童最近总是偷看妈妈的乳房，有时候还会伸手去摸。妈妈没有生气，她意识到是时候让孩子了解生理知识了。于是，她找了个机会和童童一起洗澡，主动给童童讲解"女人的乳房"。她告诉童童："小时候你就是吃妈妈乳房里的奶长大的……"有了这次讲解，童童对妈妈乳房的好奇心逐渐消散了。

案例中的妈妈不仅理解孩子的好奇心，还让孩子看一看、摸一摸，并趁机和孩子讲解。这种做法是可取的。如果你不好意思直接和孩子讲解男女有别的私密部位，那就不妨在给孩子洗澡的时候，先从眼睛、鼻子、嘴巴、耳朵等部位开始讲解，然后顺其自然地讲到孩子的私密部位，比如："这是你的眼睛，是用来观察美好世界的；这是你的鼻子，是用来闻花香的；这是你的耳朵，是用来听美妙音乐的……这是你的小鸡鸡，是用来尿尿的，要保护好它，不能随便让人碰。"这样孩子不仅知道身体各个部位的名称、用途，还能懂得保护自己的私处。

3.加深孩子对自身角色的认同

英国一位名叫Carol（卡罗尔）的心理咨询师，曾接诊过一名14岁女孩，她被医院诊断患有自闭症和多种复杂的心理疾病。女孩找到她，寻求的不是治疗自闭症的方法，而是要求切除乳房，因为她认为导致自己心理问题的根源是"她是女孩"，如果切除乳房就可以变成男孩，一切问题就会迎刃而解。

这个女孩为什么会有这种想法？根源是她没有建立正确的自我性别认同。这个案例告诉我们，一个人对自己的性别是否认同，关系到其心理能否健康成长。因此，家长有必要抓住性别敏感期，强化孩子的自我性别认同。

父母可以多带儿子去爬山、游泳、踢球，让男孩感受力量、速度的魅力；妈妈可以多带女儿做手工、缝布娃娃、做简单的家务，或让女孩学习舞蹈，让女儿感受阴柔之美。家长还可以从服饰上对孩子进行性别引导，可以给男孩穿黑色、蓝色的衣服，给女孩穿粉色、红色的衣服。

还要告诉男孩："你是男孩，是小男子汉，要坚强，跌倒了要勇敢地爬起来，要独立，要有担当。"告诉女孩："你要温柔一点儿，要学会温和地说话，要独立，要爱护自己的身体。"以此来强化孩子对自我性别的认识。

当然，如果女孩喜欢爬山、游泳、踢足球，男孩喜欢做手工、学跳舞，家长也不必过度紧张，只要孩子是在积极追求自己的兴趣爱好就没关系。

4.家长要重视自身的榜样作用

当孩子处在性别敏感期时，家长要注重自身对孩子的榜样作用。当男人工作一天，回到家一脸疲惫时，切莫消极抱怨："工作太累了，做男人真不容易。"而女人则要学会安慰、关心、体贴丈夫，同时引导孩子对爸爸表达关爱之心。当女人在厨房忙活半天，累得直不起腰时，切莫抱怨男人："你就知道玩手机，也不知道帮我一把！做女人真是劳苦命！"而男人则应该主动关心、问候，甚至给妻子捶捶背、揉揉肩、捏捏腰，或给妻子倒一杯热水，削一个苹果，这些行为孩子都会看在眼里，跟着父母去学习如何关爱别人。

婚姻敏感期（4～6岁）：
告诉孩子"相爱的人才能结婚"

典型案例

（一）

一天，4岁半的儿子从幼儿园回来跟妈妈说："我要和苏老师结婚。"妈妈惊讶地问："为什么呀？"儿子说："因为苏老师对我很好，说话可好听了，还给我好吃的。"妈妈听后真是哭笑不得……

（二）

4岁的可馨很喜欢同班的晓宇，经常把自己的零食拿给晓宇吃，还对妈妈说："我要和晓宇结婚。"妈妈听后却说："羞羞羞，小姑娘家的，怎么就想着和人家结婚呢？"妈妈还把这件事告诉可馨的爸爸和亲戚朋友，后来大家都拿这件事开玩笑。渐渐地，可馨有意识地疏远了晓宇，甚至和所有的异性小朋友都保持一定的距离。

当从孩子口中听到"我要和某某结婚""我喜欢某某"之类的话时，不少家长可能觉得孩子太早熟，担心孩子"不正经"。其实，家长完全不用担心，这是孩子进入婚姻敏感期的正常表现。

概念和表现

婚姻敏感期，是指孩子在某个阶段受内在生命力的驱使，对"结婚"这个话题特别敏感，想要和某某结婚的关键期。婚姻敏感期出现在孩子4～5岁时，在这一年龄段孩子开始探索人群的组合形式，而周围人的婚姻是离他们最近的组合形式，所以他们开始关注婚姻，研究谁与谁会结婚。如果他们喜欢谁，就会想和那个人结婚。

具体来说，处在婚姻敏感期的孩子幻想结婚的对象通常有以下几种：

第一种：嫁给爸爸

爸爸和妈妈是孩子接触最多、最早的异性，所以孩子在婚姻敏感期的探索，通常是从父母开始的。一般来说，女孩对爸爸有着天然的亲密感，作为爸爸的小情人，女孩在婚姻敏感期往往萌生"我要嫁给爸爸"这样的想法。

第二种：娶妈妈

与女儿是爸爸的小情人类似，男孩是妈妈的小棉袄。作为男孩接触最多的异性，妈妈是男孩最亲密的人之一。因此，男孩在婚姻敏感期可能会说"我要娶妈妈""我要和妈妈结婚"这样的话。这个阶段孩子不会觉得自己和爸爸妈妈年龄差距太大，他们只是对异性有单纯的好感。

第三种：和同龄人结婚

4～5岁的孩子正处于幼儿园阶段，社交圈子不再局限于家庭，还会扩展到同龄的小朋友。同理，他们的性别意识也会超出家庭范畴，发展到父母之外的同龄小伙伴。比如，在玩过家家的时候，孩子们会分别扮演爸爸、妈妈、孩子等角色，对于自己喜欢的异性，他们会把玩具或食物分享给对方，有时候还会说出"我想和某某结婚"这样的话，或者和自己喜欢的小朋友抱一抱、亲一亲等。

深度解析

4～5岁孩子之间亲亲、抱抱或说出"我想和他结婚"之类的话都是正常现象。家长不必紧张兮兮、大惊小怪，切勿用成人世界的婚恋观、道德观审视孩子的行为。要知道，这是婚姻敏感期孩子认知人类社会组成形式的一种表现，是纯粹的情感培养和情感发展的过程。顺利度过婚姻敏感期，能为孩子成年的婚姻关系奠定良好的基础。

美国一项调查显示：当孩子对异性产生朦胧的好感或有了"结婚"的想法时，如果父母尊重、接纳他们的这种情感，孩子未来的情感关系会更顺畅。如果父母忽视、嘲讽或打击孩子，孩子就会觉得这种情感是令人羞耻的，即使未来遇到心仪的对象也会产生抗拒心理。这就告诉我们，当孩子对异性有了好感时，家长要理解孩子的美好情感，科学引导孩子处理异性关系，帮孩子建立健康的婚恋观。

方法指导

1.正面回答孩子关于婚姻的各种疑问

处于婚姻敏感期的孩子会提出各种疑问，比如，"为什么爸爸妈妈要结婚？""我为什么不能和爸爸（妈妈）结婚？"面对这些问题，家长最好用孩子能够理解的语言去做合理解释。家长可以说："因为爸爸和妈妈相爱，所以爸爸妈妈要结婚呀！""因为爸爸已经跟妈妈结婚了呀，所以你不能再跟爸爸结婚。"孩子听到这样的回答后，就会对"结婚"有一个基本的了解。

反之，如果家长总是逃避孩子的提问，或随便敷衍孩子的问题："问这个问题干吗？长大了你自然就知道了。"或训斥孩子："羞不羞啊，这是你该问的问题吗？"孩子就会因家长的态度而对婚姻产生更多的疑惑，这会影响孩子成年后的婚恋观。

2.不要嘲笑孩子婚姻敏感期里的行为

孩子在婚姻敏感期内，会对婚姻组合关系进行简单的探索，会发出"我要和某某结婚"的宣言，会与喜欢的异性分享食物、玩具，甚至会和对方抱抱、亲亲，会玩过家家游戏，扮演爸爸或妈妈，可能还会当起"红娘"，根据自己的喜好去为人配对……对于这些行为表现，家长没必要用成人的观念来批判孩子，对孩子冷嘲热讽，进行打击，而要将其视为平常小事。

日本有一部小短片，讲的是一家婚庆公司为孩子们举办了一场"模拟婚礼"。从进场到交换戒指，再到放飞气球、抛花束，与真正的婚礼仪式没有差别。现场的孩子，有的认真观看，有的惊讶，有的害羞。而家长们则表现得极为淡定，他们认为模拟婚礼是让孩子了解婚姻的一种方式，有利于孩子形成正确的婚姻观和健康成熟的两性关系。

对孩子来说，探索婚姻的种种行为与探索地上的蚂蚁和树叶上的毛毛虫一样自然，是一种健康的行为。因此，家长千万不要嘲笑孩子幼稚，要通过耐心的讲解与引导，让孩子明白婚姻是一件神圣的事情。也许孩子暂时不能理解其中的深意，但家长的正确教育能让孩子受益终生。

3. 与孩子轻松谈论"喜欢谁"的问题

吴女士曾讲到这样一件小事：

一天，她去幼儿园接4岁半的女儿放学，女儿一看到她就说："妈妈，今天我和皓皓玩得可开心啦！我长大后要嫁给他。"

她笑着说："好呀！妈妈没意见。"

女儿看到妈妈同意了，很高兴。

晚上，爸爸得知女儿的想法后，马上一本正经地说："小孩子结什么婚？"

女儿说："妈妈说没意见！"

丈夫白了吴女士一眼："你怎么什么都答应孩子！"

吴女士说："童言无忌嘛！她开心就好，不用那么在意。"

……

面对女儿"我长大后要嫁给皓皓"的想法，妈妈能够做到轻松谈论，而爸爸则表现得有些紧张，小题大做。其实，处于婚姻敏感期的孩子谈论"结婚"问题很正常，就像谈论今天在幼儿园玩了什么游戏一样，孩子的想法是很单纯的，而且也是暂时的，家长没必要板起面孔说教，否则可能会剥夺孩子成长的快乐，更有可能误导孩子对婚姻的看法。所以，放松心情谈论，适当给孩子一些正面引导就可以了。

4. 教孩子用正确的方式向异性表达好感

某幼儿园里，一个5岁男孩亲了一个4岁女孩。

男孩妈妈说："小孩子嘛，在一起亲亲、抱抱很正常。"

女孩妈妈则很不满："换了你家是女孩，你还这么大度吗？真是不可理喻！"

结果双方大吵一架，大人不愉快，小孩也受到了伤害。

在这个例子中，女孩妈妈的心情可以理解，但其反应有点儿过激，其实她完全可以用平常心看待这件事。当然，我们并不是赞同婚姻敏感期的孩子可以随便亲亲、抱抱。作为家长，有必要让孩子明白什么是喜欢与尊重，引导孩子用正确的方式向异性表达好感。

比如，告诉孩子："如果你喜欢她，就要尊重他，不能随便亲亲、抱抱，不然人家会生气的。你可以多和她玩游戏、聊天，和她分享零食和玩具，还可以邀请她来家里玩。"同时，家长也要教育孩子："如果有人亲你、抱你，你要学会拒绝，如果你拒绝了，对方还亲你、抱你，你可以告诉老师或爸爸妈妈。"

5.为孩子营造一个相亲相爱的家庭氛围

相亲相爱的家庭氛围是孩子学习健康婚恋观的摇篮，也是孩子学习与异性相处的最好教材。在婚姻关系和谐的家庭中，孩子不仅能感受到更多爱，还能学会如何给予他人更多爱，有助于孩子建立良好的人际关系。美国教育心理学家约翰·布鲁埃尔说过："父母给到孩子最大的情感宝藏，就是彼此深爱对方。而父母之间爱的方式，就成了孩子情感的教科书，今日植根在心里，明日就成为一个模板，孩子无需刻意，就能复制父母的幸福。"因此，父母要彼此相爱、相互关心，用实际行动温暖彼此，也给孩子树立良好的榜样，让孩子成为心中有爱的人。

6.引导孩子对婚姻关系有更深刻的认识

孩子进入婚姻敏感期后，家长既不能小题大做，也不能置之不理，而要抓住机会跟孩子讨论婚姻，引导孩子发现婚姻关系的基础是彼此相爱，婚姻的本质是两个没有血缘关系的异性因为爱而结合在一起。如果达不到彼此相爱，可以重新选择。当孩子明白了这层关系后，就能逐渐放弃和亲人结婚的想法。随着时间的推移，孩子会逐渐明白结婚要从同龄人中寻找适合自己的，他也会明白婚姻是很神圣的事情，绝非喜欢某个人就轻易发出"我要和他结婚"的宣言。

社会性兴趣发展的敏感期（6～7岁）：
多带孩子参加一些社会活动

典型案例

（一）

闺密给姜女士打电话，说她儿子小伟已经一年级了，最近当上了班长，每天的"工作"就是督促班级同学按时交作业，监督班级纪律和卫生情况。小伟每天都特别认真地做着"本职工作"，回到家还监督家人的日常行为。比如，家里物品是否摆放整齐，衣服是否有序地挂好，垃圾是否及时清理了，等等。

起初闺密感到很欣慰，觉得小伟"有规矩""很懂事"。可是渐渐地，不断有小朋友向老师告状，说小伟总是用命令的口气要求他们做这做那，如果谁不做或没做好，他还会"动手"，这让闺密和老师都感到头疼。

（二）

雯雯最近特别喜欢角色扮演的游戏，在幼儿园和小朋友玩得不过瘾，回家还要爸爸妈妈配合她继续玩。今天雯雯扮演医生，拿着玩具听诊器和注射器，有模有样地给爸爸妈妈听诊，然后给他们扎针；明天又扮演警察，手握"警棍"，把爸爸当"小偷"追得满屋子跑；周末一大早，雯雯还以"妈妈"的口吻催促道："两个小懒猪，还不赶紧起床，太阳都晒屁股了，再不起来上学就要迟到了。"爸爸妈妈好不容易有个睡懒觉的机会，就这样被雯雯搅和了。

两个案例中的孩子有一个共同点，都是在用角色扮演和监督他人的行为来有意识地参与社会活动，有这样的行为表现说明他们已经进入了社会性兴趣发展的敏感期。

概念和表现

社会性兴趣发展的敏感期，指的是孩子到了6岁后，开始积极地了解自己和他人的基本权利，喜欢遵守和共同建立规则，愿意与他人合作的关键期。这一时期，他们会关心和规则有关的很多事情，比如选举小组长，监督小朋友上厕所有没有排队、吃饭之前有没有洗手，课堂上监督班级纪律……这些事情都是他们十分关心的。

深度解析

进入社会性兴趣发展敏感期的孩子都比较喜欢扮演社会职业，渴望成为领导者，希望自己的行为更有价值。不仅如此，他们还开始对他人感兴趣，对群体活动充满向往之情，愿意通过分享玩具和零食来表达对他人的友好。如果你发现孩子有这种行为，可以多创造条件增加孩子与他人接触的机会，鼓励孩子参加团体的比赛或活动，以深入不同的环境中，让孩子体会到社交带来的乐趣和团结协作带来的成就感。

方法指导

具体来说，家长可以参考以下方法帮孩子顺利度过社会性兴趣发展的敏感期：

1. 努力营造良性的家庭环境

父母是孩子接触最早、接触最多的人，家庭是孩子交往的主要场所。因此，家庭环境是否和谐幸福，父母之间是否恩爱，直接影响孩子的交往态度和交往模式。当孩子在家庭以外的交际活动中受挫时，温暖的家庭环境可以很好地抚平孩子的伤口，不至于使孩子留下社交的"阴影"。

2. 带孩子接触外界的人和事

父母要努力营造良性家庭环境，同时带孩子走出家庭，扩大孩子的交际圈，多接触外界的人和事。比如，家长走亲访友、逛商场、旅游、参加公益活动等，都可以带孩子一起去。家长还可以主动创造机会，让孩子与陌生人打交道，比如让孩子去购买生活用品、取快件等，以此培养孩子与人交往的能力。

3. 教孩子学习基本的社交技巧

人际交往是一门艺术，需要掌握基本的技巧。比如，懂礼貌，熟练地使用文明用语；懂谦让，遇事不争不抢，让别人先来；守规则，做游戏的时候输得起、不耍赖；有胸怀，遇事不斤斤计较，能够体谅别人；会沟通，有不同意见时能平和地表达自己的想法，而不是生闷气或发脾气；会商量，想加入别人的游戏要征询对方的意见……如果家长有意识地教孩子学习这些基本的社交技巧，那么孩子与人交往就会更加顺畅。

4.教孩子正确处理矛盾和冲突

孩子在与人交往的过程中难免会与他人发生矛盾冲突，甚至发生肢体冲突，还可能会为了其他小朋友出头而打架，这些表现其实是儿童社交活动中比较常见的现象。家长一定要用平常心看待，切勿将问题扩大化，同时要引导孩子控制好自己的情绪，冷静处理问题，让孩子认识到发脾气、打架是无法解决问题的，能解决问题的是友好沟通，必要时要懂得各退一步，正所谓"退一步海阔天空"。

5.教孩子学习倾听和表达自己

沟通是一项重要的人际交往能力，沟通的一个重要前提是学会倾听，因为只有倾听才能明白别人的想法，才能更好地与人沟通。因此，家长有必要教孩子如何倾听，比如耐心听别人把话说完，不轻易打断别人说话。等别人说完后再复述对方的意思，提出自己的疑问和不同意见，这样就能考验孩子的表达能力。

为了培养孩子良好的表达能力，家长平时可以多鼓励孩子表达自己的想法，做事要有主见，不能人云亦云。在和小朋友一起玩的时候，要尊重他人的感受，不能总是充当"领导者"，对他人发号施令。

6.培养孩子的团队合作精神

社会性兴趣发展的敏感期是孩子对社会群体活动最向往的时期之一，家长不但要鼓励孩子参与群体活动，还要督促孩子遵守活动规则、游戏法则，让孩子懂得团队合作的重要性，学会和他人一同协作完成游戏或比赛任务。比如，家长可以带孩子去踢足球，练习简单的传球，或带孩子玩"老鹰捉小鸡"的游戏，通过游戏让孩子明白比赛不是靠一个人的力量，而要靠整个团队的力量，从而深刻领悟团队合作的意义。

第 7 章

文化学习敏感期：
为孩子提供更多学习机会

//

　　意大利著名幼儿教育家蒙台梭利曾指出：幼儿对文化的兴趣始于3岁左右，4岁以后会对文字、算术、科学、艺术产生极大的兴趣，到了6～9岁则出现强烈的探索欲望。处在文化敏感期的孩子，其心智就像一块沃土，准备迎接大量的文化播种。如果家长能够抓住这一敏感期引导孩子去学习和探索，将会极大地提高孩子的学习兴趣，为孩子幼小衔接打下良好的基础。

逻辑思维敏感期（3～4岁）：
正确对待孩子的刨根问底

典型案例

不知从哪一天开始，3岁多的佳佳突然摇身一变，成了一个"勤学好问"的小知识分子，小脑袋里装满了"为什么"。比如，和爸爸妈妈一起散步时，看见路边停放着一辆挖掘机，她就会拉住爸爸妈妈停下脚步，然后仰头问道：

"咦，那是什么呀？"

"它怎么有个大爪子？"

"它为什么停在那里呢？"

"司机叔叔去哪里了？"

"我想走近看看可以吗？"

"为什么我不能开大车车？"

……

事实上，这台挖掘机停在路边已有一些时日了，但佳佳每次路过时，都会把上次的问题问一遍，或提出新的问题。虽然爸爸妈妈对女儿勤学好问的精神感到很欣慰，但他们对女儿打破砂锅问到底的劲头也感到抓狂。

"为什么天空会下雨？"

"我们为什么要吃饭？"

"小朋友为什么要上幼儿园？"

……

如果孩子突然变得爱问为什么，而且有一股"不问出真相不罢休"的劲头，那么家长就要注意了，这说明孩子的逻辑思维敏感期到了。

概念和表现

在了解逻辑思维敏感期之前，我们先要知道逻辑思维的含义，它是指人们在认识的过程中借助概念、判断、推理等思维方式反映客观现实的理性认知过程。而逻辑思维敏感期则是指伴随着孩子成长出现的某个爱思考、爱提问、爱探索的思维阶段，通常出现在孩子3~4岁这个年龄段。

在这个特殊阶段，孩子总有问不完的"为什么"，比如"天为什么黑了""为什么会打雷""爸爸妈妈为什么要上班"等。而且"为什么"会连成串，上一个"为什么"和下一个"为什么"还有某种因果关系，成串的"为什么"最终形成一个因果链条。

面对数不清的"为什么"，家长往往感到应接不暇，可是孩子却不管不顾地"打破沙锅问到底"。当家长一次又一次地给孩子解答时，孩子就能从家长的回答中找到逻辑关系，其逻辑思维就会不断发展，这对接下来建立其他思维能力很有帮助。

深度解析

处在逻辑思维敏感期的孩子大都有一个共同点：那就是热衷于某种事物，甚至可以为这个兴趣而抛弃其他的一切。正因为孩子对感兴趣的事物充满热情，他们的头脑中才会产生一个又一个疑问，他们希望得到父母的解答，于是追着问个不停。

比如，有个孩子看动画片时迷上了奥特曼，继而要求父母给他买奥特曼玩具，还要穿奥特曼衣服，还对奥特曼这个英雄人物提出各种疑问。那段时间，他最爱找爸爸聊天，打听奥特曼是怎么出生的？奥特曼的爸爸妈妈厉不厉害？为什么当人们有困难时，奥特曼就会立即出现？显然，孩子能够提出这么多问题，说明他经过了深入的思考。

所以说，逻辑思维敏感期对孩子的成长和思维发展具有十分重要的意义，抓住这个敏感期，正确地引导孩子，可以有效地培养孩子的语言能力、观察能力、分析能力、判断能力、推理能力，提升孩子的心智，为孩子将来的生活和学习打下坚实的基础。

方法指导

那么，家长应该怎样抓住逻辑思维敏感期，给孩子正确的教养呢？

1. 认真对待孩子的"为什么"

生活中，有些家长面对孩子提出的各种"为什么"，要么胡编乱造一个答案，随便敷衍几句，要么不耐烦地训斥，或勒令孩子"别问了"。家长之所以这样做，可能是孩子提问的时机不对，恰好家长正在忙，无暇顾及孩子的问题，或是因为家长才疏学浅，没办法回答孩子的问题，但根本原因是家长没有从思想上重视孩子的提问。这很容易打击孩子思考和提问的积极性，压制孩子的学习欲望，会破坏孩子的逻辑思维敏感度，甚至会影响孩子的性格发展和亲子关系。正确的做法是：

（1）在思想上重视孩子提出的"为什么"，认识到这是孩子爱学习、爱思考的表现，也是和孩子交流的好机会，要珍惜为孩子解答的机会。

（2）如果家长正忙，可以先对孩子说："妈妈现在忙，容我思考几分钟，等会再给你解答，好吗？"这种商量的态度会让孩子感受到尊重，也能为家长思考答案预留时间，以便给孩子一个好的解答，而不是敷衍了事。

（3）对于回答不出来的问题，家长不妨坦诚地告诉孩子："真的抱歉，这个问题妈妈也回答不上来，要不我们一起来查资料？"而不是胡编乱造打发孩子。家长可以借助手机、电脑，通过网络搜索找到孩子想要的答案。这其实也是家长增长知识的一个好机会，何乐而不为呢？

2.简单而巧妙地解答孩子的问题

3～4岁的孩子理解能力有限，但经常能提出有深度的问题，有些问题甚至让父母感到一筹莫展、不知如何作答。面对这种情况，家长只需坚持一个解答的原则——简单而巧妙。简单，就是把复杂的问题简单化，比如，孩子问："爸爸，为什么公鸡起那么早？"你可以说："因为公鸡睡得早，也起得早，早睡早起，身体好！"你看，这样的回答就很简单，孩子很容易理解。

巧妙，指的是有些问题可以用拟人、比喻、打比方等修辞手法来形象化地回答孩子的提问。比如，孩子问"我不想吃饭，为什么一定要吃饭呢？"你可以回答："因为我们的身体像汽车需要加油一样，加了油才有力气跑，吃了饭才有力气做游戏啊！"

再比如，孩子问："为什么太阳白天出来，月亮晚上出来？"面对这个有难度的自然科学类的问题，如果你从天文学的角度去解释，不但会累个半死，孩子也听不懂，所以你不如巧妙地回答："因为太阳是个开朗的孩子，喜欢让更多人认识自己，所以白天出来。而月亮是个害羞的姑娘，喜欢躲起来，所以晚上出来。"这样简单的童话，孩子更容易理解，也更符合孩子的心理预期。

3.通过反问适时启发和引导孩子

面对孩子提出的各种各样的"为什么"，家长可以适当地反问孩子："你是怎么看的呢？""你是怎么认为的呢？""你觉得是什么原因呢？"这样可以启发孩子去思考，开阔孩子的思维，帮孩子养成主动思考的习惯。对于孩子的回答，家长不妨多以欣赏的眼光去看待，即使孩子回答得不对，也不必否定，可以说："你的想法很有意思，爸爸是这么认为的……""你的想法很有新意，妈妈是这样想的……"这样不仅能培养孩子的发散思维，还可以和孩子进行良好的交流互动。

4.多方面培养孩子的逻辑思维能力

想要帮孩子顺利度过逻辑思维敏感期，家长除了要认真对待孩子的提问，还应该主动引导孩子去思考。比如，通过实物让孩子比较大小、分清前后和上下等抽象的空间概念；通过路面的干湿程度，判断雨水的大小；通过路边果子的大小和成熟程度，判断果子是否甜美……这样可以大大激发孩子的想象力和思考力，进一步开发孩子的思维潜能。

总之，孩子逻辑思维的发展是一个循序渐进的过程，绝非一蹴而就。因此，家长要保护好孩子的好奇心和求知欲，对孩子的成长给予足够的耐心。

绘画书写敏感期（3.5～4.5岁）：
为孩子提供绘画、书写的工具

典型案例

（一）

快4岁的晨晨最近特别喜欢拿笔胡乱涂画。有一次，爸爸指着晨晨画在纸上的"东西"问他："你这画的是什么呀？"晨晨很得意地说："小汽车！爸爸你看，我的小汽车有翅膀，会飞的……"

爸爸笑出了声："哪有长翅膀的汽车？而且你还画了5个轮子，这哪是汽车呀？来，爸爸教你，小汽车应该这样画……"

晨晨听后，脸上的笑容不见了，他扔掉画笔，嚷嚷着不想画画了。

（二）

4岁多的妮妮对画画很感兴趣，虽然最初妈妈看不懂她画的是什么，但还是耐心地倾听妮妮给她讲的绘画内容，并不失时机地予以肯定和鼓励。平时只要有机会，妈妈就带妮妮出门，去大自然中观察。而且她喜欢看手机里的简笔画，每次观看5分钟，就把手机还给妈妈，然后再认真地画下来，她画的画还真是有模有样。

孩子在1～2岁的时候，就会发现笔的奇妙作用，从而根据自己的理解去进行涂鸦。到了三四岁的时候，会把家里的桌椅板凳、墙面画得"乱糟糟"。而且孩子涂涂画画的时候，嘴里还会叽叽喳喳说个不停。如果你家孩子也有这些表现，说明他已经进入了绘画书写敏感期。

概念和表现

绘画书写敏感期，指的是孩子在3.5～4.5岁对绘画、书写感兴趣的阶段。其实孩子3岁左右就进入了"涂鸦期"，但由于手眼协调能力不足，动作与符号尚未统一，因此没有表现出书写绘画敏感期的那些典型行为。3岁半是孩子的"基本形状期"，这时孩子喜欢将动作与符号联系起来，热衷于画方形、圆形、三角形等图形。4岁之后是孩子的"个性爆发期"，此时孩子拿到彩笔、油画棒、铅笔就想画，希望把所看所想的都随手画在纸上或墙上，还会把个性色彩融入画作中。

深度解析

绘画书写敏感期是孩子一种天然的语言和情感表达方式，用于表达自己的喜好和情绪，表达自己的所见、所闻、所思，表达他们不同于成人的感悟和对世界的理解。由于在之前的语言、感官、动作等敏感期内得到了充分的学习，这时孩子已经具备了一定的书写和阅读能力。此时培养孩子对写字、绘画的兴趣，远比教他们怎么写字、怎么绘画更重要。

作为家长，要密切关注孩子的书写绘画敏感期，为孩子提供相应的书写绘画条件，让孩子尽情地涂写、绘画。这不仅可以激发孩子的想象力，还能训练孩子的观察力和注意力，同时锻炼孩子的手臂肌肉，提高手眼协调能力。当然，家长要告诉孩子：不能在墙壁、桌子上书写和画画，应该在纸上"施展才华"。

方法指导

1. 给孩子提供丰富的书写绘画条件

当孩子进入书写绘画敏感期后，家长首要的任务是给孩子提供书写绘画条件，包括画笔、画纸、画板和合适的桌椅，比如水彩笔、马克笔、铅笔等，美工纸、普通白纸、A4纸等。如果孩子喜欢画汽车，家长可以给孩子提供不同样式的玩具车；如果孩子喜欢画娃娃，家长可以给孩子提供不同类型的娃娃；如果孩子喜欢画山、水、树、草等自然景物，家长可以多带孩子亲近大自然，观察一山一水、一草一木。通过提供丰富的书写绘画材料，不断满足孩子的书写绘画欲望，可以将书写绘画敏感期的时间延长，从而帮孩子更好地建立书写绘画习惯。

2. 给孩子自由，让孩子放飞想象力

处于书写绘画敏感期的孩子，手中的笔是活泼、灵动的，他们只会按照自己的喜好去创作，画出来的东西可能不合常理。比如，把苹果画成方形，把天空画成红色，给树木画两只脚，给兔子画上翅膀……家长千万不要嘲笑孩子，更不要否定孩子的想法或强行纠正孩子的画作。因为这恰恰体现了孩子的创造性思维，反映了孩子对世界的认识和理解，那是不受世俗观念约束的自由思考。如果经常被家长嘲笑、否定和干涉，孩子的自尊心、自信心和创作的积极性就会受到打击，创造性就会被限制，书写绘画的敏感期可能很快就结束了。

正确的做法是，当孩子画完一幅作品后，家长用好奇和欣赏的态度询问孩子的创作内容，比如："你画的是螃蟹吗？我一眼就能认出来，还真的挺像啊！"然后引导孩子介绍自己的画作，"你为什么给螃蟹画了轮子呢？"孩子可能说："因为螃蟹爬得太慢了，我希望它爬得快一点儿，和汽车一样快！"你看，这样一交流，家长就知道孩子的想法了。

对于孩子画的作品，家长还可以为其取个名字，标上日期，收藏起来。还可以按照时间顺序张贴在家里某一面墙上，一段时间后，从前到后来欣赏孩子的作品，通过时间的沉淀记录孩子的成长。家长还可以在某个特殊的日子给孩子办一个画展，比如和幼儿园沟通好，在"六一"儿童节这天，挑选孩子比较出色的一些画作拿去展览。

3.在欣赏中适当给孩子启发和引导

给孩子自由，让孩子放飞想象力，并不是说家长什么都不管，任孩子漫无目的地胡乱涂画，而是说不干涉孩子创作的想法。但在欣赏孩子画作之后，家长有必要适当地启发和引导孩子，让孩子能够提升画作水平。比如，孩子画的树木欠缺美感，家长可以启发孩子思考："现实中的树木是什么形态？"引导孩子去实地观察树木。再比如，孩子涂色时用力不均匀，边角处理得不够细致，家长可以教孩子如何握笔、发力。当孩子经过启发和引导，画作水平比之前提升之后，相信他会有一种成就感和自豪感，这更能激发他的绘画积极性。

4. 尊重孩子，考虑给孩子报个书写绘画班

有些家长可能会说："我不会画画，我不知道怎么指导孩子，怎么办呢？"对于这种情况，家长其实可以考虑给孩子报个书写或绘画班，但前提是征得孩子的同意，不能强迫孩子学书写和画画，并且对于孩子报班学书写和绘画这件事要用平常心看待。还要认清一点：给孩子报班学画不是为了让孩子将来成为画家，而是为了保护孩子的绘画兴趣，适当提升孩子的绘画水平。因此，要有耐心等待孩子的绘画水平慢慢提升，而不要急功近利，不能对孩子抱有过高的期望、提出严格的要求，以免打击孩子绘画的积极性，埋没了孩子良好的绘画天赋。

音乐敏感期（3～5岁）：
让孩子尽情地唱歌和跳舞

典型案例

（一）

4岁半的峰峰非常喜欢唱歌，每当手机或电视里有音乐声响起时，他就会跟着哼唱起来。但只要他一开口唱歌，爸爸妈妈就在一旁捧腹大笑，并且还开玩笑说："儿子，你还是别唱了，别人唱歌要钱，你唱歌要命啊！""怎么像小鸭子一样，没一个准调！"渐渐地，峰峰不再开口唱歌了。

（二）

幼儿园小班的瑶瑶最近对音乐特别感兴趣，只要听到音乐就会跟着摆动身体，不受控制地翩翩起舞，嘴里还闲不住地哼唱。一些广场舞曲，瑶瑶听了几次，就能准确地唱出歌词，更可贵的是还不跑调。妈妈认为瑶瑶很有音乐天赋，将来可能会在音乐这方面有所造诣，于是给她报了一个音乐兴趣班。

起初瑶瑶还能坚持上课，但不到一个月的时间，瑶瑶就渐渐没了兴趣，即使妈妈催促她去上课，她也不愿意去了，还经常找理由逃避上课，不是说肚子不舒服，就是说老师太凶了，不想去上课，这让妈妈很着急……

跳动的音符、优美的曲调，可以征服很多人的心，三四岁的孩子也不例外。当孩子听到舒缓的音乐就为之着迷时，听到有节奏感的音乐就忍不住跟着哼唱，忍不住晃动身子跳舞时，当孩子对乐器产生兴趣时，说明孩子进入了音乐敏感期。

概念和表现

儿童生来就对音乐具有天然的敏感性，到了3~5岁这个阶段，会进入真正意义上的音乐敏感期。音乐敏感期，指的是孩子对音乐具有浓厚兴趣的特殊时期。在这个时期，孩子对音色、音调、节奏、旋律有很强的感知力，渴望特别的音乐环境，喜欢接触音乐，只要给孩子提供一个高品质的音乐环境，孩子对音乐的感知力和理解力就会得到启发，在音乐方面的表现力也会大大增强。

深度解析

众所周知，音乐是我们生活中必不可少的快乐元素，对孩子的成长有很多好处。从小学习音乐不仅可以开发孩子的智力，锻炼孩子的四肢协调能力，而且还能提升孩子的艺术审美水平和艺术修养。音乐对孩子的性格塑造也有极大的影响，长期接受音乐熏陶的孩子大都性格平和，落落大方。因此，家长要把握好孩子的音乐敏感期，对孩子进行良好的音乐启蒙，即使孩子将来无法在音乐方面展现出过人的才华，也能让孩子对音乐保持长久的兴趣。

方法指导

1.给孩子创造好的音乐环境

每个孩子都有音乐天赋，甚至在还没出生时，听到音乐也会自然地产生反应。到了3～5岁这个阶段，孩子对音乐的兴趣会变得非常强烈，如果家长能创造好的音乐环境，满足孩子对音乐的需求，那么孩子的音乐天赋就可以得到较好的开发。

怎样才能给孩子创造良好的音乐环境呢？

首先，家长可以选择经典的有节奏感的古典音乐、舞曲、民族乐曲、儿歌等播放给孩子听。孩子吃饭的时候可以听，做游戏的时候可以听，睡前也可以听，让家里被好音乐、好歌曲环绕，从而给孩子良好的音乐熏陶。值得一提的是，不要给孩子播放内容不太健康、三观不太正的流行歌曲，以免对孩子造成不良影响。正如儿童教育专家孙瑞雪所说："你给孩子放多高起点的音乐，孩子的起点就有多高。"

其次，如果家里有条件，还可以给孩子准备一些乐器，让孩子通过手摸、敲打、拨弄、弹奏等方式去接触、感受不同乐器发出的声音，从而培养孩子对音乐的兴趣。

最后，家长可以和孩子欣赏音乐，一起演奏音乐，一起唱歌，陪孩子感受音乐的快乐，感受一家人的其乐融融。

2. 学会欣赏孩子，切莫打击

处于音乐敏感期的孩子经常会忍不住哼唱歌曲，也许他咬字还不清，也许他五音不全，也许他会自改歌词，也许他自己都不知道在唱什么，但家长千万不要用成人的眼光评价孩子的歌声，说孩子"五音不全""唱得难听"或嫌孩子太吵。今天你不经意的嘲讽，也可能会扼杀孩子那颗追求音乐梦想的心。

朱女士说，小时候她很喜欢唱歌，整天跟着表姐咿咿呀呀地唱。小学二年级的时候，老师还让她上台唱歌呢，但是她的音乐热情经常被爸爸嘲笑和打击得体无完肤，爸爸经常笑话她"扛着树秸打兔子——不是个枪（腔）""鸭子都被你给招来了"……渐渐地，她对自己失去了信心，对音乐失去了热情。

也许家长的嘲笑和打击是无心的玩笑话，却可能在孩子内心留下阴影，孩子真的会认为自己五音不全，唱歌难听。所以，无论孩子唱得怎么样，家长都应该学会欣赏孩子，给他支持和鼓励，让他尽情发挥音乐天赋。这样孩子才能顺利度过音乐敏感期。

3. 不要强迫孩子去学习音乐

处于音乐敏感期的孩子喜欢音乐、痴迷音乐，但这并不等于他们必须在音乐方面有所发展。家长一定要理智看待"孩子喜欢音乐"这件事，打消"我想让孩子成为音乐家"这种过于主观的想法，更不能强迫孩子去学习某种乐器，或不跟孩子商量就给孩子报音乐兴趣班。就像案例（二）中的妈妈，给孩子报了音乐班之后，孩子反而渐渐对音乐失去了热情。由此可见，发展孩子音乐兴趣的前提是尊重、保护和顺应孩子的兴趣和意愿，决不能强迫和不切实际地要求孩子。家长只需利用这一敏感期，引导孩子学习和了解音乐，让孩子建立良好的乐感和音乐欣赏能力，对孩子来讲就已经足够了。

4. 多陪孩子感受音乐的魅力

想要帮孩子建立良好的乐感和音乐欣赏能力其实不难，家长可以准备音质较好的音响设备，选择高雅有情调的音乐，通过电脑或手机连接起来播放，然后一家人静静地欣赏。还可以一边和孩子做亲子游戏，一边播放节奏感强的音乐；或听着音乐和孩子一起舞蹈，或和孩子一起合作完成吹拉弹奏等一系列节目，比如爸爸拉二胡，妈妈弹钢琴，孩子唱歌，三人合力。现代社会音乐设备多种多样，家长还可以和孩子一起在手机软件上唱歌，把美好的歌声录下来，这无疑是家庭的一种宝贵财富。在这个过程中，孩子可以感受到良好的音乐熏陶。

阅读敏感期（3~6岁）：
陪孩子一起看绘本

典型案例

嘉明从小就爱听故事、爱看绘本，每天晚上都要求父母给他读两个故事才肯睡觉。到了4岁左右，父母开始有意识地带他去图书馆，刚开始他去图书馆只是凑个热闹，一会儿看这本书，一会儿看那本书，静不下心来认真阅读。但去的次数多了，看到其他小朋友和父母一起读一本书，他也开始和父母一起进行亲子阅读。每次从图书馆离开，嘉明还会挑选几本自己感兴趣的书带回家，保证每天都有书可看。

父母非常重视培养嘉明的阅读习惯，不管多忙多累，只要回到家里，都会抽出时间陪他读书。周末在家休息，一家三口也会留出一段时间，各自捧着感兴趣的书籍，认真阅读。嘉明有时也会自己看书，遇到不懂的地方，他会主动提问，每次父母都会耐心地给他讲解。

没有不喜欢听故事、看绘本的孩子，只有不重视孩子阅读、不陪孩子阅读的家长。当孩子吵着要听故事，当孩子主动对书中的内容提出疑问时，很多家长不知道，这是孩子的阅读敏感期到来了。

概念和表现

阅读敏感期，是指孩子对阅读、看书产生浓厚兴趣的时期，通常在孩子3～6岁时出现。处于阅读敏感期的孩子主要表现有喜欢翻看图画书、缠着父母讲故事或让父母给自己朗读，或和父母一起看书。这一阶段孩子的好奇心强烈，在看书和听故事的过程中，会不断提出很多问题，表现出强烈的求知欲望。

深度解析

处于阅读敏感期的孩子，心智就像一块肥沃的土壤，正准备接受大量的文化传播。如果父母抓住了这个机会，给孩子提供丰富的文化知识和信息，不仅有利于拓宽孩子的知识面，还可以帮孩子养成阅读的习惯。当孩子养成阅读习惯后，将来他们就更容易做到主动学习，且不会觉得学习枯燥乏味。而且对阅读感兴趣的孩子，会把阅读当作一件轻松愉快的事情，更容易做到专注阅读，阅读效率也会大大提高。因此，抓住阅读敏感期培养孩子的阅读兴趣和阅读习惯非常重要。

方法指导

1.陪孩子进行亲子阅读

在很多家庭里，父母没有阅读的习惯，而是喜欢玩手机、追剧、玩电脑，却口口声声要求孩子看书，试问孩子会心悦诚服地看书吗？要知道，当家长没有做好表率时，其话语的影响力是会大打折扣的。更严重的是，孩子不但不会养成好习惯，还会被父母的坏习惯影响。

一位妈妈说，她的孩子4岁多，每天都要玩手机。如果不给，孩子就哭闹。只要能玩手机，孩子就会安静下来，甚至会忘了吃饭和上厕所。孩子如此痴迷于玩手机，究竟是什么原因造成的呢？原来，孩子的爸爸妈妈都爱玩手机，只要有空爸爸就玩手机游戏，妈妈就刷短视频。孩子耳濡目染，自然就痴迷于玩手机了。

常言道："父母是孩子最好的老师。"如果父母都有良好的阅读习惯，闲暇之余喜欢阅读，而不是痴迷于玩手机、打游戏、看电视、打麻将等，相信孩子也会喜欢阅读。这样时间长了，自然就会形成良好的家庭阅读氛围。

陪孩子阅读既是孩子获取知识的有效途径，也是亲子情感交流的有效方式。在亲子阅读的过程中，孩子可以感受到父母的支持和关爱，可以获得心理上的满足。在听故事的时候，孩子会思考和提问，然后得到父母的解答，这可以大大满足孩子的求知欲。所以，父母无论多忙都要抽出时间陪孩子进行亲子阅读。

2.寻找正确的阅读方式

同样是陪孩子阅读，家长态度不同、阅读方式不同，所产生的效果也大不一样。如果家长把亲子阅读视为任务，总想着早点儿读完了事，就很难读出感情色彩，孩子也会感受到父母的敷衍。反之，如果父母把亲子阅读当作亲子共处的好机会，用心读每一本书，每一个故事，那么孩子就能感受到父母的真情。

小旭妈妈每次给他读绘本的时候，都力争做到绘声绘色，抑扬顿挫，用不同的声音来区分故事中的人物，用节奏来演绎故事中的情节。而小旭则睁着大眼睛，很享受地听着。遇到不懂的地方，小旭会提出疑问，而这时妈妈总会先反问一句："你觉得呢？"有时，小旭会给出答案，有时候答不上来，却也能带动他思考。用心地朗读、安静地聆听、热烈地讨论、积极地思考，这就是妈妈与小旭之间的阅读方式。这样的方式既锻炼了小旭的思考力，也提高了他的语言表达能力。

好的亲子阅读对父母要求很高，既要求有耐心，更要求有真心，还要求运用抑扬顿挫的语调表达故事情节和人物的感情色彩。当然，父母还可以和孩子进行角色扮演，把故事情节用对话的方式演绎出来，相信这样的阅读方式会让孩子获得快乐的体验。

3. 为孩子打造阅读空间

在这样一个信息大爆炸的时代，想让孩子静下心来享受阅读时光并不是一件容易的事。因此，家长最好给孩子规定一段固定的阅读时间。比如，每天晚上8：00—8:30为亲子阅读时间。在这个时段内，家长不要玩手机、打电话、看电视，而要放下一切，全身心地陪伴孩子阅读。而且还要把那些会让孩子分心的玩具、零食收起来，尽量避免给孩子造成干扰。坚持这样做，孩子渐渐就会养成每天阅读的习惯。

4. 带孩子感受公共阅读氛围

周末或节假日，很多家长喜欢带孩子去公园、游乐场玩，其实还可以带孩子去图书馆、书店阅读，目的是让孩子去感受公共阅读氛围，受到阅读爱好者的积极影响。也许孩子刚开始不太感兴趣，但是去了几次之后，孩子就会渐渐被浓厚的公共阅读氛围感染，从而爱上阅读。

带孩子去图书馆、书店还有另一个目的，就是让孩子有机会徜徉于书籍的海洋中，可以根据自己的喜好来选择图书。如果是在图书馆，家长可以先允许孩子自由选择，如果孩子自己选的书不爱读，那么家长可以提醒孩子："下一次要认真选择！"如果是在书店，那么购书的时候则要给孩子提出建议，尽量不买不适合孩子翻阅的图书，以免花了钱又起不到效果。

5. 不要强迫孩子在阅读中识字

阅读的主要目的是培养孩子的阅读兴趣，增加孩子的知识面，引发孩子去思考，而不是为了让孩子认字、识字。因此，家长千万不要强迫孩子在阅读中识字，以免打击孩子的阅读积极性。另外，为了保证阅读的效果，家长可以考察孩子在读完一本书后，能否大致讲述书中的内容。如果孩子能讲出书中的内容，说明阅读是有效果的。

探索科学的敏感期（3~6岁）：培养孩子多种科学探索能力

典型案例

说到给孩子买玩具，陈女士说，她对玩具是又爱又恨。爱的是玩具陪孩子度过了很多快乐的时光，恨的是家里玩具成灾，有时候连下脚的地方都没有。更可气的是，偏偏孩子太调皮，经常拆玩具，弄得玩具零件到处都是，家里的玩具不是缺胳膊就是少腿。因为孩子爱拆玩具，陈女士没少发脾气。可是下一次陪孩子逛超市时，陈女士还是经不起孩子的哀求，继续给孩子买玩具。

陈女士的抱怨应该不是个例，很多家长都发现，刚给孩子买回来的新玩具，没玩几天孩子就把它给拆了，拆完了再拼装，难道完整的玩具不如零碎的玩具部件有吸引力吗？其实，拆玩具是孩子好奇心和探索欲的表现，那是因为孩子想知道玩具为什么会走路，为什么会唱歌，于是就拆开来探个究竟。如果你家孩子也有这样的习惯，你不必担心，说明孩子进入了探索科学的敏感期。

概念和表现

探索科学的敏感期，是指孩子从3岁起，开始在好奇心的驱使下探索世界的关键时期。这一时期，他们会东摸摸西看看，会提出千奇百怪的问题，会拆玩具、撕玩偶，新买的钟表都有可能被他们摔成"粉碎性骨折"……孩子的这些看似搞破坏的行为，只是出于好奇心。这种好奇心及探索未知的热情，是促使孩子思考、钻研和尝试的动力。

深度解析

家长们都羡慕别人家学习成绩优异的孩子，他们思维活跃、举一反三、触类旁通，这种聪明的表现从何而来呢？难道是天生的吗？不可否认它有天赋的因素，但更多的还是得益于后天的智力开发和科学思维的培养。

科学思维，指的是一种思辨能力，可以从本质上看清事物的能力，拥有科学思维的孩子在学习中就会主动思考，而不是被动接受，他们可以根据老师传授的知识主动去思考，去探究事物的本质，并积极解决问题，这就是我们常说的"头脑灵活"。

那么，孩子的科学思维从何而来呢？研究发现，在孩子探索科学的敏感期，如果家长能够抓住机会培养孩子的科学思维能力，那么不仅能帮孩子积累一定的科学知识，还有助于培养孩子科学探索的能力，将来孩子的学习成绩也不会太差。

那么，家长应该怎样培养孩子的科学思维能力和探索能力呢？

方法指导

1.尊重孩子的好奇心

孩子生来就对周围的一切充满好奇，对于新鲜事物总想看一看、摸一摸、试一试、尝一尝。比如，看见桌子上红彤彤的辣椒，忍不住放在嘴里咬一口，结果辣得直流眼泪；看到仙人掌，觉得很奇怪，忍不住伸手摸一摸，结果被扎疼了，哇哇大哭。

有些家长见孩子做出这些事情，非常生气地训斥孩子，但聪明的家长会温柔地安慰孩子，并抓住机会引导孩子说出自己的感受，"味道怎么样啊？""你的手指有没有被扎破呀？"然后趁机向孩子介绍"辣椒""仙人掌"的特性。这样可以极大地保护孩子的好奇心和探索欲，不至于让孩子内心充满恐惧。

2.激发孩子的探索欲

常言道："兴趣是最好的老师。"有了兴趣，孩子就会主动地去探索、去求知。所以，家长千万不要阻止孩子探索，不要因为孩子探索惹出乱子、搞了破坏而发脾气，而要给孩子充分自由的空间，允许孩子动手尝试、亲自操作，去探索未知的事物。

家长可以结合孩子的需要，提供操作的工具。如果孩子喜欢去大自然中探索，家长可以给孩子准备小铲子、小锄头、放大镜、靴子等用具，然后陪孩子亲近大自然、探索大自然。如果孩子喜欢玩堆高高游戏，家长可以给孩子提供积木、有磁性的魔力棒等，然后陪孩子一起堆高高。

家长还可以针对孩子的疑问，提供相应的工具陪孩子一起做实验。比如，准备一盆水，还有小木条、铁块、塑料积木、皮球、石头、磁铁等，引导孩子探索沉浮、磁性的秘密。要知道，孩子通过自己主动探索所获得的知识，比家长干巴巴地讲授更有效果。

3. 提问引导孩子思考

家有处于探索科学敏感期的孩子，家长经常因为被孩子追着问"为什么"而感到头疼。其实对于孩子提出的问题，家长可以采取逆向思维去处理，不是直接回答，而是把问题抛给孩子，启发孩子去思考。比如，孩子问："为什么月亮绕着太阳转？""为什么乌贼会喷墨？"家长一时半会儿也回答不上来，这时不妨反问孩子："那你觉得月亮为什么围着太阳转？""你觉得乌贼为什么会喷墨呢？"孩子都想在父母面前表现自己，这时家长可以和孩子一起去查资料，找出答案，使孩子体会到探索知识的乐趣。

4. 教孩子探索的方法

科学探索离不开正确的方法，方法对了，事半功倍。家长要早点儿让孩子明白这个道理，教孩子用正确的方法去探索。

首先，家长可以教孩子学会观察，包括由外到内和由内到外的观察，由远及近和由近及远的观察，先全局后局部和先局部后全局的观察。

其次，教孩子用耳朵听。比如，下雨的时候，教孩子通过听雨声大小来判断雨的大小。通过听汽车鸣笛声，判断汽车与自己的距离；通过听鸟叫，判断鸟所在的方位。经常训练孩子的听觉能力，孩子就能学会用听觉来判断。

最后，家长可以教孩子运用科学的思维方式，如联想、归纳、演绎、类比、推理等，也许孩子一时半会儿理解不了这些科学的思维方式，但家长只要坚持引导孩子，通过简单的语言去介绍这些方法，相信孩子慢慢就能掌握。

数学概念敏感期（4~6岁）：
教孩子数数和运算规则

典型案例

某幼儿园规定每天早上七点半开始入园，可是总有几个孩子每天都来得特别早。他们通常都带着早餐，来到教室后围坐在一起，一边吃早餐一边聊天。

小方说："今天早上我妈妈给我买了三角形的面包，可好吃啦！"

小文说："我的蔬菜饼是圆形的，还夹了一片火腿和一片乳酪，我妈妈说这样吃很健康。"

雅雅说："今天我肚子不饿，不想吃早餐，妈妈只给我买了一杯豆浆。不过我带了一些正方形的饼干，等会儿饿了吃。"

"你看，这是什么？"刚进教室的军军提着一袋小笼包，"我妈妈说一共有8个，我可以吃4个，剩下的给你们吃。"

也许幼儿园的孩子还没什么数学概念，但从早餐这个话题上我们就能发现：孩子的生活已经与数学密切地联系在一起了。当孩子对数数表现出极大的兴趣，看见东西就去数，或问"有多少个"时，说明孩子的数学敏感期到来了。

概念和表现

数学敏感期，是指孩子在4~6岁之间对认数字、数量关系、排列顺序、图形特征等表现出极大的兴趣的特殊阶段。比如，4岁多的孩子总喜欢问："这是几个？""现在几点？""有几个人？"这说明他们对数字产生了浓厚的兴趣。但这一阶段的孩子还不能完全理解逻辑，只能将数字、数量配上对。因此，这一阶段是孩子数学智能的初级阶段。

5岁后是孩子掌握数学概念、进行抽象运算，以及综合数学能力形成的关键期。在这个阶段，如果家长给孩子正确的引导，孩子就能比较容易喜欢上数学的抽象思维，这对培养孩子的逻辑推理能力十分有益。

深度解析

数学是一门逻辑性很强的基础科学，运用数学推导出的种种概念、原理与规律，可以指导我们的生活。学习数学考验的是孩子多方面的能力，包括逻辑思维能力、运算能力、判断能力、空间想象力、归纳演绎能力等。因此，数学好的孩子往往给人一种"很聪明"的感觉。

可是为什么有些孩子数学天赋异禀，遇到数学难题能够认真钻研，孜孜不倦，直到解决为止？而有些孩子见到数学难题却抓耳挠腮，无从下手，甚至小小年纪就患上了数学焦虑症？心理学家发现，一个孩子对数学是喜欢，是厌恶还是恐惧，很大程度上受幼儿阶段教育的影响。抓住孩子的数学学习敏感期，培养孩子对数学的兴趣，可以为孩子将来学习数学打下坚实的基础。

那么，家长应该怎样锻炼孩子的数学思维呢？

方法指导

1.引导孩子感受身边的数字

生活中处处有数学概念，有数字符号。例如大人的手机号，家里的门牌号，闹钟上的时间，购物小票上的金额等，都可以随手指给孩子认。路边停放的汽车，屋檐上站着的鸟儿，都可以引导孩子去数一数。买回来的苹果、橘子，也可以让孩子数一数有多少个，然后让孩子分给大家。这些源于现实生活的数字，值得每个处于数学敏感期的孩子去体验和感受，相信在家长的耐心引导下一定能够增强孩子的数学概念。

2.培养孩子学习数学的乐趣

对于处在数学敏感期的孩子，家长怎么做才能保护他们的求知欲，让他们找到真正的学习乐趣呢？明智的做法是多和孩子玩数字游戏，让孩子感受数字的魅力。比如，教孩子唱数字歌，让孩子知道数字像儿歌一样好玩。唱数字歌就是把数字唱出来，就像背诵儿歌一样。家长可以根据孩子的年龄，循序渐进地增加数字。

对孩子来说，唱数字歌是很容易的事情，这与背诵一首稍长的诗歌无异，何况是不断重复的，只要坚持练习几天，孩子就可以学会了。唱数字歌的时候，可以走一步唱一个数字，也可以在上下楼梯时唱数字歌，走一步台阶唱一个数字。最开始家长可以带着孩子唱，唱一个数孩子就跟着念一个数，如此重复。

3. 启发孩子按照顺序点数

点数，就是用手指着实物，嘴里喊出数字，"1，2，3……"要求做到手口一致。刚学习点数的孩子，能点数到最后一个物体，却说不出总数。比如，数积木，孩子数到"5"就结束了，但是你问他总共有几块积木，他却回答不出来。这就是尚未形成数字概念的表现。但随着年龄的不断增长，不断练习点数，孩子就能明白"总数"的概念。

值得注意的是，孩子数数通常没有次序，而是眼睛看到哪里就数到哪里，这样很容易数重复了，无法准确地数出数量。因此，家长有必要启发孩子按照顺序去点数，比如从上到下点数，从左到右点数，从外到内点数。总之，要让孩子按照一定的顺序去点数，这样才不会数重、数乱、数错。

4. 通过游戏培养孩子的数感

什么是数感？它是一种对"数"的直观概念，是理解一个数量以及用数量表达问题的能力。学龄前孩子的运算能力强不强，关键看他的数感好不好。数感不是简单的数数，而是用肉眼直观地感觉到多少。比如，左手有3颗糖，右手有5颗糖，孩子能感觉出哪只手里的糖多。甚至两只手各抓一把糖，孩子能直接感受到哪只手里的糖多。这就是数感。

想要培养孩子的数感，家长可以经常和孩子玩抓糖果、抓豆子的游戏，同时伴有数数、观察等多种能力训练，帮孩子建立起实物与数量对应的关系。久而久之，孩子就会对实物产生直观的感受，对数量拥有敏锐的感知力。

5. 教孩子做简单的数学运算

对于处在数学敏感期的孩子，家长可以结合现实生活情况，利用生活中看得见、摸得着的实物，启发孩子去做简单的数学运算。比如，可以问孩子："盘子里有5根香蕉，爸爸和妈妈每人吃了一根，还剩几根？"如果开始孩子算不出来，家长可以让孩子数一数剩下几根香蕉，或用其他东西代替，借助实物进行加减法的运算。这样孩子对数学运算会有更加直观的感受。

文化敏感期（6～9岁）：
给孩子提供丰富的文化资讯

典型案例

果果喜欢课外阅读，每天回家都会捧着他感兴趣的课外书如饥似渴地阅读。尽管有些字他不认识，但这并不能阻止他阅读的兴趣。最近期中考试成绩出来了，果果的数学成绩下降得非常厉害，语文成绩倒是不错。妈妈担心果果的数学成绩跟不上，于是要求果果放学后多做数学题。结果，果果的阅读时间被占用了。期末考试时，果果的数学成绩提高不多，语文成绩却下滑不少。这下妈妈更担心了，但又不知如何是好。

在我们身边，有这样一些家长，在孩子刚上一年级，甚至还在幼儿园时，就拼命地教孩子认字、写字，教孩子做数学题，还美其名曰

"不能输在起跑线上""担心孩子上小学跟不上"。在孩子文化敏感期到来前，或进入文化敏感期后，强行要求孩子去学习超越当下认知能力的文化知识，会严重破坏孩子的学习兴趣，打击孩子强烈的求知欲望。

概念和表现

文化敏感期，是指孩子对文化学习感兴趣，对人类精神产品积极探索和认知的时期。它于孩子3岁左右时萌芽，6~9岁时，孩子会表现出强烈的探索欲望。在这个阶段，孩子的心智就像一块海绵，准备汲取一切文化知识的雨露。意大利幼儿教育家蒙台梭利强调说："正是这种敏感性，使儿童以一种特有的强烈程度接触外部世界。在这一时期，他们很容易学会每件事情，对一切都充满了活力和激情。"

深度解析

当孩子进入文化敏感期后，家长应该尊重孩子对文化探索和学习的兴趣，给孩子提供丰富的文化资讯，帮孩子进入对文化本质的学习和探索中去，而不是只关注表面知识的记忆。换言之，家长应该让孩子广泛地接触各类知识，汲取大千世界的知识营养，比如历史、地理、科学、传统文化等方面的知识，而不是一味地让孩子认字识字、做数学题、背唐诗宋词等。

方法指导

1.为孩子创设丰富多彩的文化环境

好的教育不是说教，不是机械灌输，而是一种影响、一种熏陶，孩子在好的影响下自发地去求知、去成长。而好的家庭教育则是对孩子影响最早，也是最重要的。它对孩子的熏陶随时随地，具有永久性。因此，营造丰富多彩的家庭文化环境尤为重要。通常来说，丰富的家庭文化环境包括以下几个方面：

（1）科学的环境

很多孩子小小年纪就有一个当科学家的梦。为了满足孩子对科技的兴趣，家长可以给孩子提供相应的材料或条件，如木片、小钉子、小锤子，教孩子做小椅子、小床、小飞机、小汽车等简单的玩具，使孩子有初步的构造能力。还可以给孩子提供橡皮泥、沙子等，培养孩子制作模型的能力。还可以引导孩子用废弃的纸筒做电话，用磁铁做各种科学游戏等。再大一点儿的孩子，父母可以带他们了解电铃、简易收音机等电子产品的奥妙，以发展孩子关于电子科学方面的兴趣。

（2）艺术的环境

很多孩子都有艺术梦，他们对绘画、书法、唱歌、乐器感兴趣，听到音乐就想跳舞，看到乐器就忍不住敲击。因此，家长不妨给孩子提供一个良好的艺术环境，比如在家里经常播放优美的音乐，或经常在孩子面前唱歌；给孩子提供画笔和画纸，让孩子随时都可以画画，随时都能表达自己的快乐；准备一两件孩子感兴趣的乐器，经常陪孩子一起弹奏，这有助于激发孩子对艺术的兴趣。

（3）文明的环境

文明的环境主要表现在言行举止等礼节上，比如使用礼貌用语，说话态度要友好、谦逊，不说脏话和粗话，不强词夺理，不恶语伤人；举止、动作优雅大方，坐有坐相，站有站样，率真而不粗鲁，活泼而不轻佻，轻松而不懒散，不做让人不舒服的举动。这样文明的家庭环境，有助于形成良好的家风，更有助于孩子从小养成高尚的品德和修养，这样的孩子还愁没有良好的人际关系吗？

（4）交际的环境

孩子不可能没有交际，没有朋友，交际不仅是为了满足精神上的需求，也是孩子将来踏入社会必不可少的生存之道。平时家长要多鼓励孩子与亲戚、朋友、师长、同学等交往，还可以带孩子外出购物、远足旅行、参加社会活动等，在这些活动中，孩子可以接触更多的人和物，从而开拓视野、增长见识。家长还要告诉孩子，与人交往的原则是互相尊重，具体表现为：礼貌待人，尊重别人的意见，尊重别人的权利，尊重别人的兴趣爱好，等等。

（5）劳动的环境

好的教育离不开劳动教育，有调查发现，从小做家务的孩子比不做家务的孩子犯罪率低很多，长大后经营婚姻和家庭的能力也更强。因此，家长要积极引导孩子做家务，这首先就要从让孩子做自己该做的事情开始，比如穿衣服、穿鞋子、吃饭、刷牙、洗简单的衣物等，然后引导孩子打扫卫生、浇花、洗菜、擦桌子，等等。家长培养孩子的家务能力，有助于孩子早日独立，更好地管理自己的生活。

（6）健康的舆论环境

有素质的家庭从来不会对他人的行为、社会现象恶意评头论足，也不会随便传播负能量，包括抱怨公司的不公平，指责亲戚朋友的不厚道，攻击左邻右舍的不良行为等。一个拥有健康舆论环境的家庭，有其坚持的理想信念、价值取向、道德修养、文化素质和心理状态等内在品质，它会传播正确的、积极的、健康的家庭舆论，从而促进家庭幸福，引导家庭成员积极向上。在这样的家庭中，父母及其他长辈懂得用积极的视角看问题，能够保持良好的生活态度，因此孩子从小也能够受到积极的影响。

2.培养孩子对天文地理和科学的兴趣

处于文化敏感期的孩子总是充满好奇和疑问，他们喜欢追着爸爸妈妈问："为什么太阳会下山，为什么月亮有时圆有时弯？"……爸爸妈妈不妨借这个机会，培养孩子对天文地理和科学的兴趣，引导孩子养成爱思考、爱学习、爱探索的好习惯。

爸爸妈妈还可以购买天文地理方面的儿童绘本，和孩子一起阅读，适时为孩子讲解浩瀚的宇宙奥秘。比如，可以告诉孩子地质的构造，大陆和海洋所占的比例，地球的自转和公转，潮起潮落，四季变换，等等。还可以从神话传说和故事开始，满足孩子对世间万物的浓浓兴趣，比如盘古开天辟地、嫦娥奔月等。然后用实物，比如圆形的水果、地球仪等来进行演示，引导孩子去理解天文地理和其中的科学知识。

3.培养孩子独立的思想和创造性思维

在日常生活中，孩子很在意别人的看法，尤其是父母的看法。而事实上，很多事情都没有标准答案。因此，当孩子提出不同的观点时，家长不能随意否定和打击孩子，甚至强迫孩子接受自己的观点。明智的做法是，耐心倾听孩子表达不同的观点，适时给予欣赏和肯定。这样才能增强孩子的自信心，使孩子敢于说出不同的想法。

家长还要告诉孩子，大人的话不一定都对，多数人支持的观点也不一定是对的，切莫轻信他人，随波逐流，凡事要经过自己大脑的思考，用自己的办法解决问题。在这样民主、平等的家庭氛围中长大的孩子，才会有独立的思想和创造性的思维。